常青藤 好老师教学策略系列

如何应对
难缠的老师

第2版

【美】托德·威特克尔 著 Todd Whitaker

Dealing with Difficult Teachers
Second Edition

中国青年出版社
CHINA YOUTH PRESS

图书在版编目（CIP）数据

如何应对难缠的老师：第2版 /（美）威特克尔著；周方译 .
—北京：中国青年出版社，2012.3
ISBN 978-7-5153-0631-5

Ⅰ. 如… Ⅱ. ①威… ②周… Ⅲ. 校长—学校管理 Ⅳ. G471.2

中国版本图书馆CIP数据核字（2012）第037727号

Dealing with Difficult Teachers, Second Edition By Todd Whitaker
Copyright © 2002 by Eye On Education, Inc.
Simplified Chinese translation copyright © 2012 by China Youth Press
All rights reserved.

如何应对难缠的老师（第2版）

作　　者：[美] 托德·威特克尔
译　　者：周　方
责任编辑：赵　玉
美术编辑：张　建
出　　版：中国青年出版社
发　　行：北京中青文文化传媒有限公司
电　　话：010-65516873/65518035
网　　址：www.cyb.com.cn　www.diyijie.com
制　　作：中青文制作中心
印　　刷：三河市文通印刷包装有限公司
版　　次：2012年4月第1版
印　　次：2012年4月第1次印刷
开　　本：787×1092　1/16
字　　数：100千字
印　　张：12.5
京权图字：01-2011-2816
书　　号：ISBN 978-7-5153-0631-5
定　　价：25.00元

我社将与版权执法机关配合大力打击盗印、盗版活动，敬请广大读者协助举报，经查实将给予举报者重奖。

举报电话：
北京市版权局版权执法处
010-64081804
中国青年出版社
010-65516873
010-65518035

目 录

序 言

　　为本书写第二版序言实在是令人兴奋。读者对第一版的反应极为热烈，出乎我的意料。有趣的是，我选定《如何应对难缠的老师》作为写作的第一本书是出于两个原因。原因之一是市面上几乎没有关于这一话题的资源，有些书是关于评估的，但这是两个不同的话题。我们不能等三年，再对消极老师进行评估，然后期望他们有所改变，要消极老师尽快改善自己的行为才是根本。

　　难缠的老师带给校长的问题普遍存在，但令人吃惊的是，对本书第一版反应十分积极的另一个群体是老师——不是难缠的老师，而是他们的同事。优秀老师和校长一样，对难缠的老师不胜其烦，为他们感到羞愧难当，同样，他们也无计可施。

　　我收到老师们大量的积极反馈，说本书很有帮助。因为我们在解决问题的方法上避免权力争斗，因此书中大部分方法同样适用于应对难缠的同事，甚至难缠的领导！校长们也发现了与老师共同分享此书的积极作用，而不是把书藏到抽屉里。毕竟，许多老师与问题老师共事的时间比我们要长。

　　第二版重点解决教育工作者应对难缠的老师时提出的一些问

题。本书新增加的第四部分共有四章，重点是如何与难缠的老师进行沟通，具体包括指出难缠的老师的不恰当行为并与其进行最有效的沟通的策略。换句话说，我应该什么时候接近老师？时机是试图改变消极行为的因素之一吗？有没有更有效的发问策略？我们同时讨论了一些额外的方法，确保校长能够受到学校多数积极、有为的老师们的信任，正是这些具有关键作用的老师决定学校最终能走多远。

感谢大家的赞扬和反馈，让我分享了你们阅读《如何应对难缠的老师》一书后对书中策略有效性的反馈，我很高兴这些策略对你们的学校有所帮助。前段时间，我给一些教育工作者演讲，发言过后，一位老师将纸条传给我，纸条上写着："不称职的老师比不称职的外科医生更危险，因为不称职的外科医生每次只给一个人动刀。"一位不合格的老师给学生造成的伤害是无可估量的，决定是否给学校以积极影响的权力在校长手中。你给学校创造美好的同时，也在学生的人生中创造了美好。我向读者致以我个人诚挚的谢意，感谢你们为老师和学生创造出更加美好的校园环境。

前　言

　　我写作本书的起因源于我教育生涯中三个不同的事件。第一个事件发生在我当老师的第一年，像大多数教育工作者一样，我选择教育行业是因为从事这个行业有机会对年轻人的人产生积极的影响。我的教学生涯是从一所乡村学校开始的，学校设有幼儿园至高中各年级，我在学校教商业教育和数学课程，并担任体育教练。我认为自己是个优秀的老师，致力于对学生和社区产生积极影响。然而，就在学校走廊的尽头有一位老师，她经常对学生大吼大叫，百般羞辱，言语刻薄。我当时想，如果我能有所作为，让她对待学生的行为有所进步，这将比我在自己教室里取得任何成绩都弥足珍贵。正是出于这个想法，我当了一名校长。

　　后来我在一所学校当了校长助理，之后又成为校长，第二次印象深刻的事件就是在我成为校长之后。这所学校聘用的老师当中有一些是边缘老师（这是对不称职老师的礼貌称呼），这些边缘老师已经从事教育行业多年，或者在此学校从教有好几个年头了。而事实上，我因为学生要走进这些老师的教室而感到万分羞愧。另外，每次我们试图让学校有所进步时，就会有老师插话进来，说"这种做法原来就行不通的，现在也行不通"诸如此类的话。不幸的是，很多老师效尤他们的做法。我知道，要想让学校出类拔萃，必须采取措施让老师们更加称职，同时要在校园里营造出支持积极性改变的学校文化和风气。

第三个事件，此事件同时也支持我下面要讲的方法，是因为我在某所学校任校长时很幸运拥有一位非常出色的校长助理。我所在的那所学校不仅士气低迷，而且有几位很难缠的老师。我和助理一起实施了书中所描述的很多方法，并且成功地改变了学校氛围，同时我们成功地让一些最难缠最消极的老师做出了应有的成绩。接下来，就像其他优秀的校长助理那样，我的助理有了自己管理的学校。他的学校不仅缺少有能力的领导者，而且也有几位难缠的老师。在这种棘手的情况下，作为新上任的校长，他实施了我们一起发明的学校管理方法并取得了成功。这次相似的成功例子让我们对这些方法进行了更深入的研究，这些方法风格温和，可以在任何一所学校立即实施。自我们的实验之后，这些方法已在无数学校得以实践，因此足以说明在我的学校奏效的方法在其他学校同样具有效验。

本书旨在为教育实践提供可借鉴的素材，帮助校长更有效地应对十分难缠的老师，让学校得以进步。

托德·威特克尔博士、教授
于泰瑞豪特市印第安纳州立大学

第一部分

校长与难缠的老师

THE PRINCIPAL AND THE DIFFICULT TEACHER

第 **1** 章

怎样的老师是难缠的老师

WHAT IS A DIFFICULT TEACHER

回想一下你见过的最难缠的老师，他们留给你什么样的印象？换句话说，你会用什么词语去描述这些老师？首先跃入你脑海的特点有哪些？经询问众多校长、学区总监、老师和学生对此问题的看法，有些词语被大家频繁提及，这些经常用来形容难缠的老师的词语包括：

⊙ 懒惰

⊙ 抵触改变

⊙ 好战

⊙ 喜欢背后中伤他人

⊙ 固执

⊙ 不喜欢自己的工作

⊙ 混日子直至退休

⊙ 粗鲁无礼

⊙ 消极

⊙ 平淡无趣

⊙ 不够灵活

⊙ 控制欲强

⊙ 不喜欢小孩

⊙ 对自己不满意

⊙ 在学校常数日子
盼望假期的到来

⊙ 难与人相处　　　　　　⊙ 喜欢训斥别人

⊙ 容易与人发生争执　　　⊙ 愤世嫉俗

以上列出的恐怕不是一个光彩的列表吧？

现在想一下，"难缠的老师们擅长做什么？"你没有在哪种职位介绍中见到过以上词语吧？难缠的老师当然没有什么擅长的专业，这也正是他们不退出教育行业的原因！他们做不好其他任何工作。没有哪个老板愿意雇佣一个懒惰、消极、粗鲁，且喜欢背后暗算他人的人，因此那些难缠的老师看上去一直都在你的学校里不会离去。相信我，他们也明知自己不会胜任其他任何工作岗位的。

不过，不要灰心失望，请再看一眼上面的列表，会不会让你产生其他想法？列表中的词语都是用来形容个人特征的，都可以用来描述消极人群的性格特征。如果是个人特征，那么这些难缠的人就能选择是否要做这样的人，这完全取决于他们。要做一个积极的人还是消极的人，要陷入多少是非争议，这都取决于我们自己。虽然对老师们来说听起来有些不可思议，但这的确是一个保持乐观的好理由。既然难缠的老师们可以选择展现以上特征，同理，他们就能选择不去展示这些特征。

这就意味着，作为一个教育行业的领导者，你有改变最难缠的教师的可能性。当然，这并非一件易事。下面我们来看在不同的环境下难缠的老师是什么样的。在学校，是什么让老师们如此难以应付？至少有六个因素会让你给有的老师打上"难缠"的标签，那就是：

课堂行为

要确定一个老师是否难缠，很显然最重要的标志之一是看他们在课堂上的行为，看他们是否在日常教学中跟学生保持良好的互动。如果不是，那你就必须鼓励老师们采取不同的教学方式了。

有时候，看到一个两三年后就要退休的人，我们会让他放任自流，这就其他的职业来说是可以接受的。如果你是公司经理，你可以把员工"隐藏"一段时间，减少他的工作量，限制他与客户接触。然而对教育行业来说这条标准就太高了，因为老师必须每天接触学生。老师的工作太重要了，我们实在不敢继续把这份工作全权托付给那些不称职的老师。身处教育工作者的重要职位，是不能让不称职的老师待在工作岗位上的。

即使学校里每天有一个孩子进出难缠老师的教室，校长也无法在晚上安然入眠。更不幸的是，仅仅涉及一个孩子的情况是基本不存在的。正常情况下，消极的老师平均每天会对二十五至一百五十个学生产生影响。值得大家牢记的是：如果一个老师连续二十八年都没能很好地教育学生，那么他是被校长允许如此这样做了二十八年。也就是说，如果你是校长，你必须让那些不太合格的老师改变他们的这种行为。

学生们通常很乐于分享他们对老师的情感。一个喜欢接近学生、喜欢倾听的校长经常能通过与学生的对话来证实自己的观察，这样的对话为辨别老师的合格程度提供了多样的视角。

有一个简便易行的测试可以帮你分析你学校的老师是否称得上

是难缠的老师。你问问自己，愿不愿意让自己的儿子或女儿当他们的学生？如果答案是"不"，那把任何一个学生分给此类老师都很难做到问心无愧。让自己的孩子参与进来，把问题私人化，这个简单的技巧是一个很好的评判难缠的老师的决定性的砝码。

对其他老师的影响

对于一个想潜心发展教育的学校来说，没有什么比一个消极却有影响力的老师更具有破坏性。这样的老师不仅排斥良好的建议，更糟的是，他们会说服其他的老师也往消极的一面发展。有时候这些老师也并不那么差劲，他们的人际关系能力比较强，从而能让他们拥有较强的影响力。不过，你作为校长必须削弱他们的影响力，否则他们将来会妨碍一些新项目和新想法的实施。在多次成功地减弱他们的消极影响之后，你就不会觉得他们的教学是那么令人难以忍受了。

在削弱难缠老师的影响力的同时，团结其他老师，不能失去其他老师的信任，这一点是极为重要的。若要让学校向前发展，让积极、能干的老师们推动起良好的势头，为学校和全体老师定好努力的方向是必不可少的。减弱那些负面影响最大、最有抵触心的老师的力量，而不让其他老师跟着一起"拖后腿"，这一步极为关键。

公众印象

每个人都希望与成功者为伍。究竟是不是这样，我们只要看看当地大学的篮球队就知道了。如果球队打胜仗，那么它就会受到崇拜者的支持，得到资金捐赠，会有大量的学生报考本校的篮球专业。

相反，如果一个球队生存得步履维艰，即便它比获胜的球队更需要帮助，人们依然不会对他们表示太多的关心。从某种意义上说，同样的道理也适用于学校。如果大家认为一个学校很成功，家长们会更乐意参与学校活动，当地的公司会更愿意与学校合作。由此看来，学校和老师有一个良好的公众印象是非常重要的。

大家对学校的印象是对这个集体中每个人的印象的总和。如果学校里有个别人给家长、学区管理部门或者社区留下不好的印象，则会对整个学校的形象产生负面影响。

如果你的教师群体中有人经常在校外冒犯他人或煽动他人，这会大大有损校长和整个学校的信誉度。另外，对本已繁忙的校长来说，整天面对招人讨厌的人是一个额外的沉重负担。为这些人"擦屁股"既让人心力交瘁又浪费时间，一定要杜绝此类事情的发生。

校长们都明白，大部分家长打电话到学校的起因是学校里的一两个老师，家长们年复一年抱怨的也是那几个老师。如果家长们不给你打电话而是先给老师们打电话，那么他们与难缠的老师们的交往只会令本已变坏的情况变得更糟。

想一下每年度学期初的学校开放日或者即将到来的家长会，你会为此做些什么准备？有没有老师给学生的家长留下很差的印象，以至于你能预料到家长会给你打电话或者要和你当面谈谈，很多家长要求让孩子转班？说实话，家长这样要求并不为过，你甚至不想让任何一个学生待在那些老师的教室里，这些老师给大家造成的印象极大地损伤了学校形象。

想象一下，星期五的下午，一个消极的老师下班回家途中在超市排队，队伍里紧挨着的是学校的家长。家长真诚地对老师说："周末愉快！"这个难缠的老师以一种讽刺的口吻回答："嗯，或许吧，至少这两天不用再跟孩子们较劲了！"这次交往给学校奠定了消极的基调，让人对学校产生负面的情感，我们必须帮助老师改变这种行为，继续为学校塑造良好的声望和可信度。

拒绝改变

你和老师们有没有过这样的经历，大家对一个新项目热情高涨，就在热情像气球那样充满能量膨胀起来的时候，有个老师抽出别针，把气球给扎破了。

几乎每个人都会抵制变化，这很正常，这是人们恐惧未知事物的正常反应。但是有些人的反应越过了正常的界限，他们反抗、攻击，试图去破坏进步性的行为。他们阻止任何的变化，即使有时某些改变与他们并无关系，他们认为自己要做的就是维持现状。

校长必须学会理解这些人表达抵触情绪的方式，以及他们的非正常行为，这些行为已经影响到学校众多的其他老师，理解这些老师是学会与难缠的老师相处的重要一环。

打击热情 / 破坏风气

高昂的士气与良好的学校环境是一个富有成效、成功的学校的核心因素。有些老师经常给别人泼冷水，打击别人的热情，破坏风气，破坏良好的校园文化，这些老师的行为必须得到遏制。不应该让难缠的老师继续成为积极老师们的负担，为了让学校尽最大可能为学生提供良好的教育，校长必须改变消极老师的行为，把他们带给学校其他老师的影响降到最低限度。

经常在办公室和教师休息室发牢骚的人通常会给整个学校带来实质性的恶劣影响。如何判断老师们明天会不会在休息室搬弄口舌呢？这很大程度上取决于他今天有没有在休息室怨天尤人。如果经常在全校教师会议上表达消极看法或发牢骚的人一直这么做，那么他们就为整个学校奠定了基调。关键的是，校长应该意识到这些不恰当行为会产生的后果，并且想办法减少此类行为，降低他们的潜在影响。此类行为容易养成习惯，我们必须以一种有效的方式成功地对其进行干预，来改变整个环境。

把学生送到办公室

七月份的时候，如果有人要你选出三位老师，预计他们在新学期送到办公室的学生人数最多，你会选谁呢？你能预测出明年哪些老师会因为学生不听话而把学生送到办公室并且送的数量最多吗？你或许能回答出来。更神奇的是，你甚至不必知道哪些学生会被编排到他们班！我们知道，这其中起决定作用的不是学生的表现，而是老师的行为，这就是我们常常能预测每个班会送多少学生到办公室的原因。从我个人角度讲，同时也从教育学的角度讲，校长需要去改变这些不合宜教师的行为，否则我们永远是被动的一方。一般说来，真正难缠的老师在纪律方面"一塌糊涂"，因为一方面他们管理纪律的方式并不高明，另一方面他们还需要别人去支持自己的管理方式。

　　校长们通常把阻碍自己成为合格高效的领导者的原因归结为时间问题。很多情况下，尤其在没有校长助理的情况下，学校领导花费在处理难缠的老师问题上的时间比例是不恰当的。我经常把它归入"10/90 法则"，即学校里发生的 90% 的纪律问题是由 10% 的老师制造的。一个学校领导能让老师改变课堂行为，或者至少不再送学生到办公室，那么他就能花更多的时间与精力把自己培养成一个更有主动权的领导。在要求老师们停止送学生到办公室的同时，校长必须考虑这样一个问题，那就是既要有效地行驶管理权而又不让老师们认为自己不支持他们的工作。

　　本书接下来要介绍的方法适用于应对各类型的难缠的老师，很多方法对各种问题老师均能奏效。

第 **2** 章

三种类型的老师

THREE KINDS OF TEACHERS

要想在改变难缠老师的不恰当行为过程中取得良好的效果，有必要对学校的动态有一番了解。同时我们会涉及并探讨一些专业术语，这些术语在之后的几章中也会经常提到。

关于教师的不同分类，美国知名教育学家伯尔博士在 1993 年曾提出这样一个分类角度，他认为一个学校里的老师可以分为三类，即明星老师、中坚老师和平庸的老师。

伯尔博士解释说这三种类型的分类标准很简单。明星老师是稀有资源，是学校教师中最上层 3%~10% 的部分。很多学校这个类别的老师仅有一到两位，少数优秀学校也只有八到十位。这些老师是最受学生欢迎的老师，家长们通常会要求把自己的孩子分到他们班。最后，明星老师们最关键的特点是他们被所有其他老师（即使不是所有也会是绝大部分老师）所尊重。这是一个很重要的衡量标准，意思是说明星老师不是校长的"宠臣"，因为他们受到其他老师的尊重。他们或许最受学校领导的喜爱，但绝不能认为是领导的红人，否则就抹杀了他们受到的尊重。给明星老师下个简洁的定义，那就是：明星老师是任何同样优秀或能干的老师在其离开后都替代不了的老师。伯尔博士还补充了明星老师希望得到的两样东西：自主权和认可度，在后面我们讨论应对难缠的老师时需要牢记这两点。

第二类是中坚老师。中坚老师优秀、踏实，是整个教师团队的核心组成部分，一般占到整个教师团队的80%~90%。快速区分中坚老师的方法就是，如果有三两个中坚老师离开学校，你能找到同样优秀的人来填补其岗位空缺。你可能一直都想聘用一个珍稀的明星老师，不过一旦一位中坚老师离职，你聘用到的总是一个同样能干的亦属于中坚老师的人物。

具有传奇色彩的棒球队总教练凯西·史丹格（美国扬基棒球队前总教练）曾把带领棒球队的经验作这样的描述：一个棒球队中，有五个人喜欢教练，五个人讨厌教练，还有十五个属于中间派。把教练做好的秘诀在于让十五个中间派逐渐转变到喜欢教练的那组。

同理，把学校发展壮大的过程可以描述为把十五个中坚力量争取到明星教师行列的过程。艾森豪威尔总统（美国第三十四任总统，任期1953—1961年）曾这样解释领导能力："领导能力是一门艺术，是让别人心甘情愿地完成你所希望完成的任务。"校长的角色就是摸索出能够巩固和发展教师教学能力的最有效的方法。

第三类，平庸的老师（平庸一词好像过于温和），我们可以在平庸老师身上找到在第一章前描述消极老师所用的词语。我们有另外一种方法辨别你们学校哪些是平庸的老师。想想学校里的老师，再问问自己："哪些老师离职或转校更让你高兴？哪些老师辞职对学校是件好事？"你思考这些问题时脑子想到的老师就是平庸的老师。虽然我们平时把平庸的老师定义为难缠的老师，事实上他们身上的某些特点在中坚老师的身上也同样能找到。换句话说，有些中坚老师或许在课堂上比较称职，但也带有一些消极的特点，不过我们在本书中讨论的难缠的老师大部分属于平庸老师的范畴。一般说来，平庸老师在课堂上并不称职，但他们在给学校和领导增加负担的同时也给大家提出了新的挑战。

你作为校长必须明白，每种类型的老师有不同的需求，会提出不同的挑战，认识到他们在学校进步过程中产生的不同影响和推动力非常重要。

明星老师的自主权——成功的必备良剂

让明星老师行使自主权意义重大。自主权是指我们不应该用规章制度来约束能力较高的老师，明星老师很可能不会按规则办事，因为他们会失去一部分自主权。我们必须另寻他法以应对平庸老师和其他让人头疼的老师。

在决定实施新方针或规章之前，你可以快速做一个小测试。小测试包含三个问题，你可以此来判断新方针的效果好坏与否。这三个问题是：

1. 我实施这个方针或规章的真正目的是什么？

2. 这个规章真的能达到此目的吗？

3. 我那些最积极、最能干的老师们对此方针或规章会有何看法？

以上听起来都是些很基本的问题，事实也正是如此。不过，这些不仅是将来实施规章制度时行而有效的评判标准，还能判定现阶段所实施步骤的价值。下面我们就一个在很多学校非常常见的例子来试验这三个问题。在很多学校的大门上，家长和拜访的客人首先看到的是用黑体写的一行大字：

"游客必须先到办公室登记！"

根据刚才提到的三个问题，我们得出这一措施的影响如下。

1. 我实施这个方针或规章的真正目的是什么？回答这个问题时我们的本能反应或许是"所有参观者先到办公室登记我们就能知道谁来学校了"。毫无疑问这是原因之一，而其中暗含的原因是防止有人悄悄潜入校园伤害学生、诱拐学生。这是一个很大胆的目标，那么结果又会如何呢？我们应该看下一个问题。

2. 这个规章真的能达到此目的吗？很显然，对此问题的答案是否定的。想伤害学生或老师的人是不会被前面门上的一行字给吓倒的。假若说他们带了武器到学校，就更不可能到办公室先给自己"安检"了。这种标语是无法达到它所预设的目的的，即便在有的情况下对第二个问题的回答是"能"或者"也许可以"，也并不能说明应该实施这个新想法。且不说对难缠的参观者或者老师产生的结果如何，我们还应该权衡对那些友好的人们不造成任何伤害的同时有何积极的影响？这就需要我们考虑第三个问题。

3. 我那些最积极、最能干的老师们对此方针或规章会有何看法？当你看商店大门上用粗体字写着"任何在商店行窃的小偷都将被起诉"的标语时，你会感觉很温暖和受欢迎吗？这真的能阻止打算行窃的人放弃偷盗的想法吗？很显然不是这样的。店主的做法只会让顾客心里不舒服，而且此举很可能会遭到小偷的无视或者嘲笑。

类似的效果在学校也会出现，命令别人做事绝不是一个好方法。另外，对任何一个支持学校教育的家长来说，贴标语是在提醒他们孩子们在学校很可能会发生不幸。贴了标语就等于说你把积极支持学校的家长的感情放到了第二位，而更看重希望通过贴标语产生的作用，但这种美好的希望事实是不存在的。

作为学校领导者，我们经常说希望更多的家长和社区人员参与到学校事务中来，然而我们的行动却表达了相反的意思。意识到这个标语对闯入学校的人不起任何作用，且对每天来学校的大多数人有消极影响（其中包括给学生一种自作聪明的消极影响）之后，我们应该重新审视这一做法了。你可以通过表达对积极支持者的重视来取得预期的效果，比如：

热烈欢迎家长和参观者！我们为你们的到来感到高兴！

请家长、参观者和客人们务必到办公室登记，感谢参观史密斯中学！

最后你需要贴的就是去办公室的指示图了，毕竟有的参观者不知道办公室的位置所在。学习了这个例子，你就可以把之前的三个问题运用到我们意图通过规章制度来约束难缠老师的问题上了，并能通过这三个问题断定我们的做法是否恰当，对学校影响如何。

学校里最经常出现的问题之一是有些老师复印的材料过多，或者文件夹、便利贴、纸张等用得过快以致花费超出预算。凭直觉，我们认为很可能有人浪费资源，甚至利用职务之便做自己的私事。面对这种状况，你必须在使用复印机或办公材料方面制定更加严格的制度。你可以要求全体教师签字，写上他们要复印多少页，或者，也可以让老师们在取办公用品的时候在物品清单上签字。你甚至可以给老师们发备忘录，提醒大家需要减少复印量，少用办公材料，就像法律上的"直至被证明清白才是无罪"。试着用前面的三个法则来判断这种做法是否合适吧。

1. 我实施这个方针或规章的真正目的是什么？制定这个规定的目的是为了阻止有人肆意浪费打印纸和办公用品。

2. 这个规章真的能达到此目的吗？如果有人做事不当，他本人也很可能明白自己的做法是错误的，但是他坚持选择这样做。没有人会觉得使用学校的复印机复印圣诞节贺卡内页是正确的，然而有人却不放过任何类似的机会，毕竟很少有人会拒绝特权的便利。那么我们的做法会让这种情况好转吗？恐怕不会。即使答案是"也许"或者"是的"，你仍然需要检测对最重要的老师产生的影响，也就是那些在你实施此规则之前，就循规蹈矩的老师。因此我们需要尝试回答第三个问题，也是最重要的问题。

3. 我那些最积极、最能干的老师们对此方针或规章会有何看法？优秀的老师，包括明星老师和称职的老师，最容易产生愧疚感。只要实施一个新规则或程序，他们都会将原因归结为自己做错了事。你跟大家说复印纸用的太多的时候，优秀老师就想到了三年前，那次因为活动需要复印了二十五份材料，结果只用了二十二份。他们才最有可能会在行动上真正减少使用办公材料和用品。那么我们的做法对学校产生良好效果了吗？如果你能给一位老师250美元现金买办公用品，而且只能给你最信任的人，你觉得他能真正让学生得到实惠，你会给谁呢？答案还是那些优秀老师，那些在蹩脚的规则面前依然会减少自己办公用品使用量的老师。

限制最优秀的老师的创造性不会有好结果。身为校长，想让他们接受新规定，最简单的办法是在实施新规定之前直接询问他们的意见。一般说来，明星老师会坦言他们的看法，不是散布谣言。如果他们参与到谣言中去，就会失去别人的尊重，也会失去明星身份。因此，事前询问优秀老师对新政策的看法能提前得知上面第三个问题的答案，不至于在新政策打击学校最重要的老师的士气后才追悔莫及。

明星老师的领导力

一个学校成长、发展的关键是与明星老师合作。如果明星老师、非正式领导者向前进步，那么整个学校就有机会跟随他们一起进步。如果他们不支持某项革新，那么这项革新将很难取得成功。虽然并非所有的非正式领导者都属于明星老师的范畴，但他们确实是学校发展的源动力。

我们来看一个例子。我曾经在一所学校当校长，那是一所很古老的学校，教室很旧，很不起眼。虽然想改变这种状况并不容易，但我感觉这些教室可以变得更漂亮、更吸引人。我相信这些教室可以变得和你见过的最好的幼儿园一样漂亮、舒适，到处能看到展示的学生作品。不过，我的学校现在可不是这样的，我该怎么办呢？

我敢肯定，给老师们发信起不到什么作用，因此我找到一个学校，那里的教室正是我所希望的样子，生机勃勃、美观漂亮，非常吸引人。而且这所学校和我所在的学校一样，也是一所很旧的学校。

我带着我们学校的三位明星老师到这所学校参加会议，并把车停到了学校较远的另一边。在会上，老师们不停地问我："我们为什么来这儿？"因为会议的内容和他们并无多大关系。最后会议结束了，我们出了会议室向车走去。我在路过的第一个教室前停住了脚，走进教室，激动地说："快看哪！这个教室太棒了！"那三个因为开会而无聊至极的明星老师勉强望了教室一眼，接着眼里就放出了光芒。然后我跑到下一个教室大叫："这个教室更漂亮呢！"老师们一路小跑过来，很快开始指点给我看这看那，他们兴奋地看遍了学校里每一个教室。回去的路上，他们滔滔不绝地讲那些教室有多漂亮多诱人。这件事发生在一个星期四。到了星期一，你能猜到三位明星老师的教室发生了什么变化吗？他们的教室并没有刻板地复制我们上个星期见到的教室，而是装饰得比那还要漂亮！

我在下周的教师备忘录《周五聚焦》里写道：大家最近有没有去看玛丽、南希和杰克的教室？哇，怪不得孩子们那么喜欢他们的教室呢。我看过他们教室，真想带个睡袋在那里过夜呢！我们学校所有的老师，做饭师傅，校园管理人，校车司机，等等等等，全都收到了我的《周五聚焦》。你猜他们读后做了什么？学校里每个人都去了玛丽、南希和杰克的教室，去看看他们的教室到底什么样子。更重要的是，学校其他老师开始效仿玛丽、南希和杰克的教室，来让自己的教室变得更漂亮了。

假设我带一两个中坚老师或者平庸的老师到那所学校参观，情况跟现在会有什么不同？他们星期四参观了那些教室，星期一他们的教室是什么样？很可能还是老样子。即使他们中有一人让教室变了样，那能对学校的其他老师产生影响吗？很可能不会像明星老师有这么大的影响。理解学校的动态和人际关系是成功处理难缠教师的关键因素之一。需要牢记的是，并非所有难缠的老师在课堂上都是平庸的老师，他们中有些人课堂教学还不错，甚至很好，但是因为他们处理问题不够灵活，给别的老师带来消极影响等，因此仍属于需要改变的难缠教师。清楚每个老师属于哪种类型是件好事，这样你就能知道选谁作为大众意见的领导者，带领大家向好的方面发展。

千万别把权力给难缠的老师

在继续往下讲的时候，千万不要忘记我们要花费大量时间讨论的是学校里最不重要的老师——难缠的老师。校长们在教育领导力方面的错误之一就是我们给了这些难缠的老师过多的权力，我们必须停止这种行为。对校长来说，坚持经常提醒自己教师队伍的核心人物是积极有为的老师是很重要的。在太多情况下，我们是以最不重要的老师为基础做决定的。下面我们看两个例子。

几年前，我曾给一个学校做为期一周的暑期培训。学校有四十五个老师，其中四十二人热爱教学，并且甘愿放弃一周的暑假时间来参加我的培训班。每次要与一个群体合作相当长一段时间，我就会以一个小时左右积极有趣、参与性强的游戏开始一周的工作，为一周奠定良好的基础。我们第一次中间休息的时候，有个老师走过来对我说今天的课上的很好，她很期待接下来几天的培训。但是她又说，有些今天本应来的人却没来。她问我该怎么办。我告诉她很感谢她的问题，并问她休息结束后是否可以向全体老师提出这个问题。

休息后大家各归原位，她举起手对老师们说："刚才休息时我们讨论说这一周将会是很有价值的一周，但是我们认为有些该来的老师没来，大家觉得该怎么办呢？"

停了一会儿，我看着大家的眼睛说道："我可以告诉大家我会怎么做，我会感谢上帝。问问你自己，如果那些缺席的人现在走进教室，会让你这周变得更好或者更坏吗？你会挥手示意他们坐到你身边吗？肯定不会。你会希望他们坐的远远的，其他人也希望如此。所以，别让那些根本都不在这里的人，毁掉属于我们的一周。"

最实质的问题是，检查一下我们给了最消极的老师多少权力。我们差点让他们摧毁了美好的一周，他们甚至都不在现场！这就是权力，我们不能再把它拱手让人，我们也必须帮助学校其他老师停止把权力让给最消极的老师。

我们作为校长，每次开办新项目或实施新想法的时候，经常会第一个想到最有可能抵制新想法的人。这是自然的正常反应，不过根本的问题是我们要不要让反对者阻止学校的进步。

我有幸给校长们做过很多次培训，内容涉及管理、评估和教学的改进。我们在培训中经常花时间探讨的领域之一是"层次管理"，层次管理的其中一个方面是自我引导进步。设定目标或者做个专业发展计划都是这方面的例子。我在自我引导进步方面要分享的观点是，老师给自己的课堂教学录像，然后观看录像，评估自己的教学。

要实现这种做法，只要培训一个电影摄录学生小组并让小组随时待命就可以了。老师们签字预约，学生就可以进教室录像。拍完后，把带子取出来送给老师，让他们自己方便时观看，学生就可以离开了。这样做的好处之一是不会给校长增加多少工作量，还能在不给学校管理者添加责任的情况下让老师取得教学进步。问题是每次我和校长分享这个方法时马上会有人举手说他们办不到，因为会有老师不参加。我的回答总是，"那又怎么样？"如果我们因为几个（甚至很多）人拒绝参与就不帮助某些老师进步，那就等于我们把大把的权力给了反对者，从此限制了学校发展的潜力。

另外需要记住的是，第一个希望从机会中获益的总是明星老师。一旦他们开始尝试并给予高度评价，很多中坚老师就希望参与进来。如果总有几个人不参与，那也不会破坏一个学校发展的良机。

明星老师喜欢冒险者还有一个好处——如果他们首先尝试实施新方法，那么成功的几率会比其他老师尝试同一方法的几率更大，便于给新方法树立一个正面形象，同时给其他同事树立榜样，很容易模仿成功。

第 **3** 章

校长扮演的角色

THE ROLE OF THE PRINCIPAL

学校领导者应对难缠的员工最大的挑战之一是，要认识到自己才是应该解决问题的人。大多数校长都有爱心，这也是他们选择教育职业的原因，但是我们也知道如果校长不正视难缠老师的问题，那就没有人会这样做了。据推测，有 15% 的老师属于边缘老师。如果美国有两百万老师，就意味着每天接触学生的老师中有三十万是边缘老师！

史蒂芬·柯维博士在《高效能人士的七个习惯》中说过，"所有的机构都是经过完美设计的，都能达到自己预期的效果。"学校和老师们的教室也不例外。记得在第一章里你曾被问到能否预测出明年哪些老师会因为学生不听话而把学生送到办公室且送的数量最多？几乎每个校长都能准确地给出答案，一个很简单的原因就是，如果难缠的老师不改变自己的行为（事实上他们很少改变），那么无论明年学生是谁，他们都会给出同样结果。

迄今教育界已经做过很多研究，检验学校的效能及高效能校长的特征。无数的研究证明，校长才是学校效能的决定性因素。20世纪 70 年代，研究者们开始重点研究"有效的"学校环境和"效能较低的"学校环境之间的差异。研究结果显示，两者之间最大的差异存在于学校的管理层面。研究者们还开始研究被定义为高效能学校和低效能学校的差异。高效能学校最稳定的特征是有一个强有力的领导者，另一个相关的要素是安全、有序、适合学习的学校环境。罗纳多·艾德蒙教授在 1981 年归纳出高效能学校的五个特征，其中最重要的两个特征是：（1）学校的领导；（2）学校环境。其他研究者也针对这两个特征的关联做过研究。

在我和贝丝·威特克尔、戴勒·兰帕合著的《如何调动和激励教师》一书中曾有这样的观点，即低效能老师长时间以来被放纵其行为，他们不恰当的教学方法得到了强化，认识到这一点很重要。除非校长干预，否则他们不会改变。同时，校长把积极改变现状视为自己的责任也是很必要的。

在研究密苏里州一百六十三所中学时，我曾把四个学校定为拥有高效能校长，另外四个学校是低效能校长。对学校的定义是根据教师对校长效能审计（APE——全美国通用的衡量校长能力和教师反映的评估方法，由美国全国高中校长协会的学校环境综合评估部制定）的反映，得出校长在小组中的排名。每组学校中分别有一个学校来自城市，一个来自郊区，一个来自城镇，一个来自农村。

实地拜访和对教师、校长面谈的结果显示，高效能校长和低效能校长存在三个主要的区别，最关键的区别是高效能校长认为自己应该对学校全面负责。虽然这些校长也经常让教师、家长和其他人参与做决定，但是他们仍然认为让学校得到充分发展是自己的责任。低效能校长更乐意将学校的问题归结为外在因素。

举一个有关两个郊区中学差异的例子。两个中学都面临着明年财政预算大幅削减的问题。低效能校长在谈到财政消减问题时，选择财政权力集中制，严把财政支出；并且表示别人已经减少了对你的财政支持，因此试图帮助学生是无用的。学校老师响应校长的观点，对于给学生提供帮助不感兴趣。

在态度更积极的郊区学校，他们刚接到财政削减通知，幅度比消极学校还大。这所学校有六百五十名学生，没有校长助理，学生与老师的比例大约是 30:1。因为预算削减，他们要失去唯一的图书馆管理员、教学顾问和四名有教学资格的教师，每班的学生老师比例中，学生人数增加了两到四名。虽然领导很失望，但是很快他就想出了一个让图书馆继续开放的方案，让八年级学生轮流到图书馆值班，图书馆继续作为学习资源为大家服务。另外，学校还计划加强咨询项目，让学生继续享受到原来教学顾问提供的服务。校长虽然对预算削减很无奈，但是他把想办法帮助学生作为主要工作，而不是任由事情发展到无法控制的局面。面谈中教师们也都有相同的想法。

我在印第安纳州实施过一个平行研究，高效能小学校长和低效能小学校长都参与了研究。我问校长们的问题是："谁对学校氛围负责？"高效能校长的回答是"我"，低效能校长的回答是"老师"、"所有人"和"每个人"。这些研究不仅支持校长是学校决定性因素的观点，也强调了这样一个事实，即校长知道学校积极进步的决定权在自己手里。

值得注意的是，高效能校长和低效能校长应对难缠教师的区别或许并不是他们更深思熟虑，很可能是他们直面问题，卷起袖子就干了。

1998 年我在对两千多名校长的调查中问及哪些事情应该先做，而事实上自己会先做哪些工作。在三十一个选项中，校长们把应对难缠教师排在第十位，而现实中他们却把这一项排在第十九位，这样做的原因之一是管理者们没有足够的时间。这些校长还表示，更好地利用时间应排第七位，但现实中排在第二十三位。

应对难缠教师的重要问题之一是花费的时间太多。我们花大量的时间来解决他们的纪律问题，恢复受损的士气，以及寻找让学校不断进步的办法，让学校不受他们消极行为的影响。

方法才是关键

我做校长时得到的最好的建议是，你不必证明给人看谁是主管，大家都知道谁是主管。而且，你越是证明给人看，人们越会反抗。在应对难缠教师时更是如此，千万不要用他们对待别人的方式来对待他们。切记不要提高声音，挖苦讽刺或者言语粗鲁，也不要采取对抗或争辩的方式。在课堂纪律方面，对待难缠学生的一条简单原则是，像他们父母在场一样对待他们。对待难缠的老师也是如此，就像全体老师都在场那样对待他们。要明白积极有为的老师也希望难缠的老师得以管制，但是得以专业的方式。

　　最后一条建议是，永远不要和难缠的教师争执，要明白在这方面他们比你有经验。正因为他们的态度和生活方式，他们一生中很多时间都在和人争吵。有时我们必须克制自己，尽量保持平和、专业的态度。本书中介绍的均是积极、非对抗的方法，能够帮助你和你的学校不断进步、成长。

第二部分

激励难缠的老师

MOTIVATING DIFFICULT TEACHERS

第 4 章

睁大眼睛　寻找优点

LOOKING FOR THE GOOD PART-SOMETIMES YOU
HAVE TO SQUINT

　　找机会激励一下难缠的教师，这个想法似乎作用不大，因为你已经尝试过很多次了，结果都令人失望。不过鉴于你要与这些老师长期相处，我还是建议你重新尝试一下激励的方法。你需要记住的一条宝贵意见是，激励或不断激励这些顽固老师的机会并不是常有的，当机会来临时我们一定要抓住时机并采取行动。

　　作为校长，你应该不断地尝试激励难缠的老师，尽可能多给他们提供机会来改变自己的行为。如果你明知自己已竭尽所能激励难缠的老师，给他们进步的机会，那么下次你不得已以一种不太积极的方式对待他们时，你也不会觉得太别扭。成年人可以决定自己每天的心情，老师可以决定自己每天如何对待学生，希望每位老师都能利用好你提供给他们的机会。

　　领导们经常寻找机会"捕捉"哪位老师做对了事情。这对难缠的老师来说未免挑战太大，因为他们经常做错事。然而一旦难缠的老师有特殊技能或能力，一定要尽可能地尝试鼓励和利用，即使有时候和教学没有直接联系也无妨。

有一点需要大家明白，很多老师对同伴的教学能力知之甚少，甚至毫不知情。他们觉得，如果午餐时某人对他们态度不错，那么他就是个好老师。如果有人给他们送贺卡或者在自己需要帮助时表示关心，他们就认为这些人教学能力也很强。此类事情存在两方面的问题。第一，如果你尝试让这些老师提高教学技能，可能会在老师中引起连锁反应，尤其当有的老师认为需要改进技能的老师是合格的老师更容易有连锁反应，因为他们认为那些老师的人际关系并不坏。第二，这种非正式的关系会引起其他老师步其后尘，抵制改变，对整个学校产生消极影响。试图改变在某些方面被同事维护的老师是一大挑战，激励一般来说是一种较为安全的方式。

下面有一个例子，例子通过激励的方法让一个低效能但是人缘很好的教师提高了教学水平。这个特别的教师被冠为"难缠"之名一点也不过分，她感受不到任何的自我价值，因此对学生和自己的职业漠不关心，然而她在手工艺方面颇有天赋。如果你给她一个易拉罐、一个回形针和一些线，她能做出一个你从未见过的最最可爱的复活节兔子，可是这跟她的教学职责毫无关系。最初我也因此而烦恼，因为她每天花费大量的时间和精力在她的手工艺上，对教学很少关心。另外，因为她会做东西，有时候还当作礼物拿去送人或者卖掉，所以她在同事当中颇受信任，否则她才不会那么有人缘。从这一点来说，她挺会收买人心，哪怕是暂时的，而且她利用的不是自己的教学才能。

鉴于这个老师对学生的不友善态度，我最终决定利用她的积极才能来培养她向更高层次发展。我请她制作了一些手工艺品，作为每次教师会议桌子中央的装饰品，我们还把手工艺品作为高出勤率的奖品。我表扬了她为此付出的努力，慢慢地，她在个人和职业方面的信心都增强了，后来，她从一个平庸的教师变成了中坚教师。寻找别人一两个优点，能帮助他提升自我价值感，还能把这种自我价值感延伸至教学工作中。

《周五聚焦》——建立一个有效的教师备忘录

要想有效地激励全体教职员工，你必须先有合适的手段。在本书之前提到过的关于高效能小学校长和低效能小学校长的研究中，两者之间的差别之一是高效能校长坚持每周给教职员工发放传递积极信息的备忘录。相反，低效能校长中没有任何人能够坚持定期发放积极向上的备忘录。

校长对一个学校的影响力，关键是校长要树立坚定的个人信念，并成功地在整个学校推广一个合适的信念体系，最重要也最简便的方法是建立一个每周备忘录。

我和戴勒·兰帕认为校长应该每周写备忘录，并且应该达到以下几个目的。

1. 备忘录应该让大家了解学校即将进行的活动，提供活动日历。这会让学校在管理上更有条理性，而且让教师在会议上更加积极，更有收获。

2. 校长最本质的角色是与全体教职工交流学校目标，这种交流方法很容易养成定期进行的习惯，能帮助全体老师，包括最难缠的老师进步，认清工作方向。

3. 每周备忘录还可以用作激励的手段。说说学校发生的美好事情，任何事情都可以说，比如"当我走进约翰逊太太的教室时，我简直不敢相信……""星期三我在餐厅问了四个学生他们最喜欢学校的什么，他们说是'老师对我们很关心'"等等，都可以写进去。

4.《周五聚焦》备忘录有助于老师做教学计划。每周校长提供的信息能让老师们为将要进行的活动做好更加充分的准备，校长也会在做计划方面受益。经常把未来事件写进去，校长就有机会及早组织这些事情，整个学校在信息上会更灵通，更有组织性条理性。

处理每周备忘录的方法有很多，有效方法之一是在每个星期五老师们到校之前发一份到他们的信箱里，这样他们不至于对自己的一天没有概念。如果校长能把这些信息性强、鼓舞人心，且能树立信念的备忘录发展成例行公事，那么老师们在星期五早上会满怀期待，对整个学校信念体系的建立和传播也会起到关键的作用。备忘录还可以定期发给中心办公室或其他学校，扩大学校的影响，加强整个学区对学校信念的认识。

激励学校中的老师，尤其是抵制性很强的老师，有必要尽可能采用不同的方法。这是关键的一条理念，并且本书后面的章节中还会提到。为学校奠定积极向上的基调，给消极老师和抵制性强的老师以压力是一种重要的方法。

给难缠的老师以责任感

做校长最艰巨的任务之一是要掩饰自己的本性。想要提高一个人的绩效，让他增强责任感通常是个很有效的激励方式，即使对最难缠的老师也不例外。

关于难缠的老师，校长必须认识到这样几个问题。首先难缠的老师很清楚自己在做什么，他们故意让自己难以对付，而且已经坚持了很多年。另外一点很重要的是，难缠的老师因为难缠反而受奖励。我们为了避免麻烦，就给难缠的老师不爱找事的学生，不让老师承担太多责任，也很少给他们额外的工作。这样做的结果是，老师们没有任何改变现状的动机。因此，我们必须要求这些老师承担适当的工作量。

校长的本能反应是不给难缠的老师责任，原因有以下几点。首先他们觉得难缠老师不想承担责任。他们连平时的职责都做不好，又怎么能奢望他们乐意做更多的工作呢？校长不让难缠的老师做额外工作的另一个更重要的原因是：他们认为难缠的老师做不好。毕竟，这些老师看起来什么都做得不够完美，又有什么理由相信他们会把新工作做得妥妥当当？这对任何一个校长来说都是很正常的想法。在这种问题上，能干的老师也可能会有同样的想法。然而，即便如此，给难缠的老师一份责任感仍可能是激起他们改变工作方法的一个好手段。

要知道，你并不用把给老师一份责任感当作学校的本职工作。我们太习惯于依赖好老师，而且经常是明星老师，来做额外的工作。

我们这样做的理由也很充分，因为好老师能做得正确、及时，做得漂亮。不过话说回来，我们也需要很好地保护这些好老师。

所有校长面临的一个挑战是，确定什么事情可以授权，以及何时授权。一条简单的准则是，把任何人都能做的事情授权出去，留下那些只有校长才能处理的事情，这是决定某件事能不能授权的简单测验。

同样，当我们考虑让明星老师做一项额外任务时，也可以使用这个测验。应该让他们承担那些其他人都完成不了的额外的责任，有些事情是只有明星老师才能办得到的。因此当你考虑让谁来做一些额外的工作时，你应该先确定是否有必要让最好的老师来做。如果答案是否定的，那么这就是一个可以授权给其他人的任务。

给难缠的老师责任感时，如果能让其他同事也参与进来，效果会更好。同事参与的程度可以有所不同，例子之一是让难缠同事协助承担社交责任。如果他们意识到，同事知道由他们协助今年的圣诞节聚会，或者其他同事依靠他们提供这个月教师会议上的资料，他们会感受到更大的压力，尽量来满足大家的期望。这样做的目的并不是让难缠的老师难堪，恰恰相反，是为了目标完成后你有机会向他们表示感谢，认可他们为此付出的努力。让难缠的老师感受到自己是对学校有所贡献的一员，是建立自我价值感的重要一环，能帮助平庸老师提高到中坚老师的水平，让他们的劳动更有价值。对他们的认可可以是私下的一声感谢或者一个便条，也可以是教师会议或者《周五聚焦》上公开的感谢，这对激励抵制性较强的老师是很管用的手段。

另一种利用同事协助激励难缠老师的方式比较复杂，需要把难缠的老师和一位或多位学校最积极的老师联合起来。这样做的目的有两点：一是与受人尊重的老师合作会对低效能老师产生压力；二是因为有了优秀老师参与，难缠老师的任务就比较容易成功。多数情况下，有明星教师参与的活动效果都不错。

不过我要给校长一条非常重要的警告，那就是让明星老师参与活动之前需要询问他们的意见，向他们解释你这样做的目的是什么。记住，那些最能干、最积极的老师是你最重要的人，不要因为改变一个难缠的老师而牺牲任何一个好老师，要永远把积极有为老师的感受放在第一位。

这里有一个给难缠的老师责任感的例子，就是通过把难缠的老师和两个明星老师联系起来。先为老师们选择一个职业培训的领域，比如合作型学习。然后选择三名老师参加培训，培训回来后带动全体老师发展进步。这种情况下首先跃入你脑海的通常是三名最优秀的老师，但是不要急于拍板，你要选择一名最优秀的老师，询问他对培训感不感兴趣。如果答复是肯定的，则明确说明你希望他成为三名培训老师中的一员，然后坦白说你希望 A 老师（一个难缠的老师）也成为三名接受培训的老师之一，并说明原因。

给大家解释让 A 老师去参加培训具有一定的冒险性，决定能否这样做显然还要看你与明星老师的关系。明星老师受人尊重的程度较高，做事胸有成竹，如果让能力高的老师与低效能老师组成一组，千万不要让明星老师认为这是一种负担，不公平，摆出你的理由得到优秀老师的理解。如果你不确定与高效能老师的关系特别铁，就最好不要分享你的观点了。

接着要询问明星老师他希望谁成为第三个小组成员，至少 A 老师是要参加的。这样明星老师不会感到孤独或者不舒服，而且 A 老师不会与消极同事在一起，而是与两个积极老师共度一段时光，这是这个小组结构的另一好处。

接近 A 老师有几种不同的方式。接近的方式很重要，否则一开始就会遭到拒绝。你可以与之分享培训的信息，然后表示希望他与另外两名同事一起参加。如果其他两名是受人尊敬的明星老师，A 老师也会正确地看待这次邀请。

如果明星老师去邀请 A 老师更有效的话，也可以让明星老师邀请。或者，你可以告诉 A 老师，你和某明星老师去参观了培训班，考虑让谁去参加，然后就想到了 A 老师。你不必细说缘由，只是提议让他去即可。

老师们培训归来给大家做在职培训时，你可以借此机会公开或私下里好好表扬三位老师一番，并特意私下对两位积极老师表示感谢，对他们肯帮忙激励不思进取老师的行为表示赞赏。

这种激励行为对那些爱模仿别人做事的消极老师非常奏效，喜欢与消极老师为伍的老师只是想找个可以融入的团体而已。这次的培训经历给了他们一次与积极人群相处的机会，有助于让他们意识到自身的弱点，向身边性格更开朗更乐观的人学习。

在领导面前表扬人

表扬自己的儿子或女儿最好的方法是向另一个成人夸耀他们的

优点，如果孩子能无意中听到你们的谈话，那你的表扬会显得更加真实。类似的方法对成年人也同样有效，在领导面前夸奖老师能有效地起到激励的作用，还能加强其效果。此方法对难缠的老师也不例外。

如果学区总监来你们学校，带他到一个难缠的老师的教室，当面夸奖这个老师。当着这个老师的面对学区总监说："史密斯先生，我星期二那天来琼斯女士的教室，她们正在做一个很有意思的科学实验，孩子们积极性非常高，她的课讲得棒极了！"就像在其他人面前夸奖你儿子或女儿更能加强夸奖效果一样，在领导面前夸奖老师对老师来说意义重大。向领导表扬平庸老师的另一个好处是，表扬过后，你可以向领导解释你这样做的原因。你可以私下向学区总监坦白说这是个平时很棘手的老师，但是你依然希望至少尝试一回激励的方法，让他有所收获。如果能得到积极的结果，那么你可以经常创新使用这种方法。

领导也不一定非得是学区总监，也可以是难缠的老师很尊敬的人，可以是学校或校外的校长或者其他人。在有些情况下，你需要与此人有很强的信任关系，才能向他解释你所希望达到的目的，否则外人会因你评价老师的行为而失去对你的尊敬。

第 **5** 章

公开表扬与私下表扬

PUBLIC VERSUS PRIVATE PRAISING

前面几章列举的例子里涉及到表扬难缠的老师的问题，其中有的是公开表扬，有的是私下里表扬，比如在《周五聚焦》上表扬就属于公开表扬。表扬难缠的老师时，记住很重要的一点，即要顾及积极老师的想法和感受。公开表扬难缠的老师时，一定要非常敏感地意识到积极老师会产生的感受，因为这样做很容易引起他们的不满，而且他们的不满也完全合乎情理。

一点较为安全的经验之谈是，你只公开表扬难缠的老师一次。之后，如果这个老师开始改变、进步，那么你在合适的机会还可以继续给他公开或私人的表扬。然而如果这个老师没有任何改变，我个人认为你就不应该再对他进行公开表扬了。这样做的原因很简单，那就是积极老师对学校来说才是最重要的。他们很可能会消极地看待大家对难缠老师的赞美，会感到自己的努力不被认可。因此当表扬对难缠的老师不起作用时，就应该停止这种行为，否则就有失去其他老师信任的危险。

虽然如此，表扬难缠的老师的机会依然存在。你可以用任何你认为最有效的方式表扬他们，表扬的方式可以是多种多样的。理解表扬的含义非常重要，有效的表扬是真实的、具体的、即时的、纯粹的、私下进行的。我们可以在激励和表扬老师的具体行动中来分析这几个基本特征。

表扬的真实性意味着我们是实实在在地表扬别人，对他们真正做过的事情表示认同。这一点很重要，称赞事实发生的事情永远不会让表扬枯燥乏味。有时候人们表示很少表扬人，因为他们害怕失去可信度或者表扬太多让人觉得不可信。解决这个问题的方法是确保你表扬的事情总是真实的，称赞真实的事情没有人会嫌弃赞美过多。

有效的表扬必须是具体的。经过你的认同，某个行为得到鼓励会持续下去。如果你认可难缠的老师的某个具体行为，并表扬了他的积极努力，那么你就帮助他认识到了这一具体方面的价值。比如，你无意中观察了老师们的课堂，老师们成功地使用了提问的教学手段，得到你的认可，那么就加强了老师们的印象。具体的表扬还要求有认真的态度，你只需指出老师在某一方面的优点并加以表扬，而不要撒谎说某个老师非常优秀或者他的课多么好，也许事实并非如此。

要适时、及时地表扬老师的积极努力和取得的成绩。看到老师的努力和成绩后，立即给予真实、具体的表扬，能够加强表扬的效果。为了及时给老师以反馈，我连续到几个班级"串门"观察时会带上记事簿。如果我查看了八个班，在每个班待了两到五分钟，而且每个班都有一些真实的、值得表扬的事情，那么我会在最后一个教室停下来，给八位老师分别写表扬信。回到办公室，我会把写的记录交给秘书，让他放到老师们的信箱里。有的校长喜欢带便签，并在离开每个教室时把便签贴到教室门上。为了能更及时地提供反馈，你也可以放到老师的桌子上、书上或者教案本上。我会经常到教室里努力寻找老师们的积极行为，比如学生们就某一相关话题的谈话或者活动、自然环境，甚至老师带了一条新领带等，积极的表扬是产生改变的宝贵工具。

表扬的第四个基本原则是纯粹性。纯粹的表扬是指表扬是出于真诚的态度，没有任何限定、警示，或者附加条件，这一点对教育工作者来说有很大的挑战性。表扬老师应该源于老师行为的事实，而不是为了让他们明天的行为与今日有所不同。一定要经常提醒自己，否则你很容易因为表扬不起作用而放弃。举个例子，如果你今天表扬了某个难缠的老师，因为他早上在课堂上使用了"等待"的方法，当天过了些时候，他对你像往常一样冷冰冰，千万不要把两件事情联系起来。平时我们会很在意难缠的老师及其他老师的冷淡态度，虽然我们希望他们不再这样，但是我们要明白，通常他们的态度与自己的心情有关，与你或者他们对你的关心并无任何关系。

纯粹的表扬里不应该出现"但是"这个词语。比如，如果你想赞扬某人，于是说："我很欣赏你今天和史蒂芬说话的语调，但是，你最近是不是没有换布告栏？"你试图表扬的那个人很可能只会记住"但是"后面批评的那些话，根本起不到句子开头的表扬效果。如果你真想表扬一个人，最好将两件事分开。如果你只说前半句"我很欣赏你今天和史蒂芬说话的语调"，这就是个真实、具体、即时、积极，并且纯粹的表扬。这给难缠的老师说明两件事情，一是阐明了你在老师对待学生态度问题上的立场，二是为你和老师设立了基线，即此老师能够正确地管理学生，之后如果需要再次提起此事也会显得比较从容。

那句话的另一半，"你最近是不是没有换布告栏"，并没有紧迫性，如果把两件事情合到一起说会减弱甚至完全消除前半句表扬的作用。对难应付的人来说，表扬的机会远少于批评的机会，还需要记住的是，大多数难应付的人会长期犯类似的错误。如果你今天放弃了批评的机会，相信我，明天他们的布告栏依然需要改进。

本·比斯尔博士认为大多数表扬应该在私下里进行。我同意此观点，而且认为在犹豫不决应该何时表扬的时候，选择私下表扬更为安全。前面我们提到过，如果难缠的老师不改变，那我们就很少有机会公开表扬他们，你必须保护能干的中坚老师和明星老师的感受。然而，如果所有的表扬都是私下进行，你会错失很多有教育意义的机会，尤其当这一件事情不仅涉及难缠的老师，还涉及到你试图改变的学校大多数老师的时候更为如此。

还记得前面提到的带三个明星老师去别的学校开会的例子吗？我希望自己学校的教室都像那所学校的那样漂亮。我们去开会，偷看别人的教室，然后明星老师们花一个周末的时间让自己的教室完全变了样。三名老师让教室变漂亮，这对学校尤其是这三名老师来说，是一大收获。但是这三名老师的教室相比学校其他老师的教室来说，恐怕是最不需要改善的。其他老师参与进来，是因为《周五聚焦》让这三名老师的行为得到了大众的赏识，让他们的行为超越了三个教室的界限，并且最终积极地影响到平庸的老师。如果不在大众面前赞美，他们的影响力将会非常有限。

对难缠老师的表扬还可以出现在一些比较特殊的场合，后面几章我们会看到一些例子，之前我们在讲给老师责任感时引用过一个这方面的例子。如果难缠的老师知道，合作的老师也明白他们对某项任务担有责任，那么这项任务在某种程度上就已经受到了公众关注。如果任务成功，试图改变老师某些行为的公开表扬也会显得恰当有效。

老师给学校会议制作手工艺饰品是公开表扬难缠的老师的另一个例子，如果不公开感谢老师为此付出的努力，我敢肯定激励的效果将会大打折扣。

最后，在结束本章内容之前请务必牢记，明星老师希望得到自主权，而且希望得到认可。这种认可不只意味着大众的赏识，重要的是在表扬难缠的老师或中庸老师的时候不忽略明星老师。记住，明星老师最重要的特征之一是被人尊重，包括来自同事的尊重，因此要留心你给予明星老师多少公开表扬，尤其当表扬在学校环境和文化下还是新生事物的时候更应如此。如果其他老师对给予明星老师的表扬不满，就会降低对明星老师的尊重程度，明星老师的地位受到动摇，他们对学校的积极影响将会大受局限。

检验公开表扬是否可行的一个简单测试是，看这一行为是否是任何人都能够做的。在接下来的部分有个例子，一名老师因为给学校申请到一笔资助受到了表扬，任何一名老师都可以选择申请资助并受到表扬。后来果然有很多人加入到申请的行列，甚至包括原来的中庸老师和难缠的老师，由此一来，就增加了很多适合表扬老师的真实、具体、即时、纯粹的表扬机会。

第三部分

让难缠的老师不舒服

MAKING DIFFICULT TEACHERS UNCOMFORTABLE

第 **6** 章

不舒服是件好事

UNCOMFORTABLE IS GOOD

如果难缠的老师从未感到不舒服，他们就永远不会改变。想象一个人当了三十七年难缠的老师，他并非拥有三十七年的教学经验，而是把一年的教学经验重复了三十七遍，这类老师很可能被允许这样教了一遍又一遍。

我们不允许低效能老师来学校工作而且满足于自己的工作表现，如果他们感受不到任何不适，那么他们将一直感到满足。记住，低效能老师绝不会辞职，因为他们没有其他职业可选。那么校长应该怎么做？让低效能老师继续舒舒服服地待下去？这就等于答应让他们继续失败的教学。

检验你的决策是否正确，可以问自己这个问题："如果我这么做，哪些老师会喜欢，哪些老师会不喜欢？"如果确定明星老师会不喜欢，那你最好别实施。如果一部分难缠的老师不支持这个决策，那你或许不用担心。无论在何种情况下做任何决策，都要问自己："谁会感到舒服，谁会对此感到不舒服？"在实施决策前先确定这个问题的答案将会大有益处。

如果你询问明星老师对某件事的意见，他们通常有自己的看法并且乐意与你分享。另外，明星老师的专业水平，包括保守秘密的能力通常很强。想做一个高效能校长，让这些人参与决策是非常重要。

我在前面的研究中还发现，效能较高的中学校长能分辨出老师中核心的非正式领导者，并让他们参与决策。校长们分享了两点原因。第一是如果得不到这些非正式领导者的支持，决策将难以被全体教师通过，正确决策很重要的一方面是它的可接受度。第二个原因是这些核心老师通常有深刻的见解、准确的洞察力，能找出最好的解决方案。

高效能校长能迅速分辨出谁是学校最关键的非正式领导者，并能指出其中的原因所在。低效能校长不会向老师寻求建议和反馈，而是习惯于依赖其他管理者，甚至根本不与任何人商议。例子中四个低效能学校的校长都不会在做决定之前主动找到关键的老师领导者，来寻求建议和反馈。

老师的看法对于一个学校具有举足轻重的作用。只要核心老师参与到学校管理和决策中，无论正式和非正式的提议都是可以接受的。

关于做决定前经常询问明星老师的建议，高效能校长分享了两个主要原因。首先，如果明星老师不支持某个决定，让大多数老师支持此项决定的可能性就微乎其微。其次，如果明星老师认为此非良策，那么很可能这真的不是一个好想法。让核心老师检验决策的良莠是一个宝贵的方法，能避免做无效的决定。

记住明星老师需要的两样东西——自主权和被认可，是非常重要的。不应该在全校实施某些规则来约束低效能老师，因为这些规则同时会影响到明星老师，而明星老师渴望拥有自主权。积极、专业的老师会遵守规则，难缠的老师则不会，由此一来引发的后果是，积极老师因为难缠的老师不守规则更加烦恼。

提高不舒服的程度

提高难缠老师的不舒服程度有几个好办法，比如授权给优秀老师，提高难缠老师的人际沟通能力，在教师会议上使用有效的沟通方式，降低教师休息室的消极情绪，让老师对自己的处境负责，利用同事让难缠的老师感到不自在。坚持认为难缠的老师希望向好的方向发展也是一种有成效的方法，我们让难缠的老师不舒服的同时可以与其保持良好的关系。

保持良好的人际关系对高效能校长来说最为重要。培养让老师不舒服的技能并不一定要破坏与难缠老师的关系，更不用损害与积极老师长期培养建立起来的重要的人际关系。以上方法让消极老师努力成长为更成熟的人和教育者的同时，也维护了他们的尊严。

授权给好老师

初始阶段，让低效能老师感到不舒服的一个办法是给高效能老师授权，也就是给明星老师和积极老师权力，让低效能老师感到自己失去了某些东西。如果是任何人都能做的事情，记住最好引起大家的关注和对成绩的认可。下面是一个成功给老师授权的例子。

资金短缺几乎是所有学校和管理者面临的问题，解决资金短缺的方法之一是申请校外的其他资助。我原来做校长时曾把申请校外资金当作一个目标，但是我的所有老师都没有真正去写过资金申请。在多次讨论和动员工作之后，我的优秀老师中的一员决定尝试为一个新项目写申请。和往常一样，申请的截止日期马上就要到了，申请却毫无进展，那位非常能干的老师感觉完成申请已经毫无希望了。我告诉她我会找个代理老师替她上一天课，她则用这一天的时间来处理申请资金的事情。有必要让老师明白，我们努力认可他们为学校所做的额外工作。这也属于公开表扬的举动，因为这是任何人都能够做到的。按照私下表扬的规则，这应该是个例外。

给好老师授权的另一个办法是在《周五聚焦》上坚持表扬大家的积极贡献和努力，这也是给学校任何积极进步的员工授权的一种方法。再次提醒大家，我们的目标不是为了关注某些人或者忽略某些人，而是为了能经常认可大家做出的积极贡献。当有些难缠的老师（或其他员工）开始注意到自己的名字从未在《周五聚焦》上出现时，可能会问你为什么，这便是一个很好的沟通的开始。你可以平静地回答："我看到了大家为学校做出的积极贡献，我努力让这些贡献得到赏识。"这是一个非常有效的方法，来讨论老师可以为学校付出什么并且受到赏识，因为有些事是任何一个人都可以积极为学校付出的，并且会得到认可。

第 **7** 章

承担责任禁止"踢皮球"

ACCEPT RESPONSIBILITY-THEY CAN'T
PASS THE BUCK

人际智能

霍华德·加德纳教授在研究多元智能方面颇有建树，他创造的概念中有一个特别适用于讨论难缠的老师。要理解这一概念我们首先需要理解两个术语——自知自省智能和人际智能。自知自省智能是指人认识自身的能力，比如认识自己的优缺点。人际智能是指能掌控他人对自己的认知，就是说你在与人交往时如何让对方理解你的意思。

虽然难缠的老师各有特色，但是他们当中很多人有一个共同的特点，那就是人际智能很低，他们根本不知道自己在与人交流时对方有没有真正明白他们的意思。举个例子，某老师是位很糟糕的演说者，但他坚持像教小学生似的讲个不停。在旁观者看来，甚至他的学生都能看出来，根本没有人注意他的讲话，没人明白或者关心他在说什么，然而，这位老师根本意识不到学生们的反馈有多差。

　　第二个例子是关于一个肢体语言表达能力差的老师。校长知道，如果家长见到这个老师肯定想让孩子转班，因为肢体语言表达能力差的人在交际时经常翻白眼，双手叉腰，说话刻薄，不注意倾听他人的谈话。

　　第三个例子是大家经常这样谈论某些老师，"难道他们不知道没有人喜欢他们吗？他们一走进房间别人就匆忙躲开，难道他们意识不到吗？他们看不出来教师会议上没人欣赏他们的观点吗？"答案除了不，还是不。他们缺乏足够的人际智能，体会不到别人暗示的含义。

　　另外有必要明白，这些老师在执教生涯中，甚至终其一生，从别人那里得到的反馈都是一样的。我们以乏味的老师为例，他扫视一眼学生，看到的情景是几个学生在打瞌睡，其他学生看起来很厌倦。相同的情景已经重复上演了整整二十六年，他为什么要期待看到不同的景象呢？肢体语言表达能力差的老师经常惹得家长不愉快，每年的学校开放日或者返校日，家长们跟这些低效能老师见过面之后，总有几个家长请求或者坚决要求给孩子转班。如果这种事情每年发生，这些老师又有什么好惊讶的呢？

　　第三个例子是关于大家都不喜欢的老师。如果他们上班时粗鲁傲慢，他们很可能在家里也一样，很可能一生都如此。他们已经习惯了大家对他们冷漠不关心的态度，年复一年他们看到的情况如出一辙。

　　既然如此，校长应该怎么做呢？校长应该提高难缠老师的人际智能。校长必须让他们明白，与人交流时别人是否理解他们的意思，他们在别人眼里是怎样的，他们的行为表达了什么含义。

　　我曾经认识一个人际智能较低的学校顾问，有一天我恰好路过他的办公室，我看到他正和一个女孩还有她妈妈在一起。那女孩是学校里最可爱的女孩之一，母女俩都是非常善良友好的人，不幸遭遇家庭变故，他们到顾问那里主要是想找人倾诉。两个人中间放了一盒纸巾，很显然，母女俩都是容易动感情的人。我望进去，看到顾问靠在椅子上，打着哈欠，看着手表，这种行为表达的意思已经不言而喻。待母女俩走后，我对顾问说了下面一段话："吉姆，刚才你与金和她妈妈谈话时我碰巧路过你办公室。当时看到你靠在椅子上，打哈欠看表，我很生气。我的感情受到了极大伤害，你觉得她们会有什么感受呢？"

　　帮助难缠的老师提高人际智能的另一个例子是让他们明白自己所表达的意思是如何被别人理解的。记得那是新学年学校开放日的一天，我在大厅里看到两个学生家长从某老师的教室里走出来，两手叉腰，皱着眉头，满脸愠色。我以为他们生气了，然而令我吃惊的是，他们其实是在模仿刚才看到的老师的表情。我觉得自己有责任和这个难缠的老师交流我刚才看到的一幕，我不能把他吓到，但是必须让他了解事实。如果校长无动于衷，老师就永远不会有所改变。我们可以用一种更为温和的方式对老师说："我告诉你这件事是因为我觉得应该让你知道我对这件事情的态度。"你不是在谴责他，而是努力阻止不礼貌的行为。

　　校长很有必要给缺乏人际沟通技巧的老师传授经验。校长要培养自己这样做的信心，可以问自己："如果我的行为经常冒犯到身边的人，我希望知道真相吗？"如果答案是肯定的——积极老师的答案一般都是肯定的，那么校长就必须提供这方面的经验。

承担责任禁止"踢皮球"

正如校长要为全校的事情负责一样，一个有责任心的老师必须为教室内发生的所有事情承担起责任。如果学校最优秀的老师给学生进行小测验或者给学生布置作业，学生反馈的结果很差，老师应该归咎于谁呢？应该归咎于老师自己。他应该考虑自己有没有在备课上花费足够多的精力，或者有没有给学生解释清楚。他应该自我检讨，检验自己的行为，为学生不尽如人意的表现负责任。

如果低效能老师给学生布置作业或者做测验，学生表现很差，他们会归咎于谁？他们会归咎于学生、家长，他们会抱怨说家长对孩子的教育不够，甚至归咎于去年教这批学生的老师。他们不找自身的原因，改变自己的行为，而是把责任推到别人身上，为自己不进行改变找借口。

校长必须努力提高老师的意识，让他们认识到自己在影响学生行为方面的作用。如果有的班级经常有学生迟到，那么你，作为校长肯定很少光临他们班。帮助老师认识到他们是教室各种事件的决定性因素，这是校长的重要作用之一。假若老师不断地把事情归罪于别人，那他们就远离了对学生负责的位置，认可并接受自己这种具有影响力的角色，是低效能老师进步的关键一步。

让低效能老师对学生的学习、行为和课堂兴趣负责任，是老师进步的重要因素，这对很多老师来说都是很重要的因素。

我对承担责任的兴趣源于在一所学校当了校长之后。那所学校的很多老师，尤其是低效能老师，总是爱表达自己的各种观点，比如"如果去年的老师教的还不错的话，或许我还可以教会他们点什么"。这些观点不仅给学校造成不和谐的气氛，更让老师跳出为学生的表现负责的位置。帮助老师认识到自己为学生的成功负责任的机会有很多，其中最重要的机会之一是确立一个观点，即老师不能把责任推卸给自己无法左右的其他人。

作为老师，我们决定不对之前的老师或学校加以批评，因为我们知道，自己无法对此再做些什么，苛求我们影响圈之外的事物并无益处。记住这条规则，我们来看一下为了让老师承担责任，我们可以做的几件事情。

以积极的口吻跟老师们非常明确地说明，大家不要对自己影响圈之外的无法掌控的因素进行评判，原因是进入"爱怪罪别人"的状态后会导致你沮丧失望，耗费精力，这些精力你原本可以用来改变学生。

为了加强效果，我曾改编过一首佚名诗来满足学校这方面的需求。我在老师会议上分享了这首诗，并登在了《周五聚焦》上，用来警示大家。你也可以考虑类似的做法。

皮球往下传

托德·威特克尔改编

大学老师说：

"学生无知得令人羞愧

都怪高中没做好准备。"

高中老师说：

"天哪，这男孩像傻瓜，

要是说过错，

根源当然在初中生涯。"

初中老师道：

"太令人失望令人悲伤，

谢谢那些无知的小学老师，

把学生教得如此迷茫。"

语法学校的老师说：

"学生这么愚蠢，

并非我的过错

是他们之前根本没有学过。"

小学老师怒气冲冲，

"幼儿园才都是笨蛋，

那也叫学习的初级阶段，

学生不学习都要比这强千千万。"

幼儿园老师说：

"这么没有教养我可是第一回见，

很想知道孩子的父母

长着怎样的嘴脸？"

教学的重任

我们一起抗，

教无止境，更理想的状态

一直在前方。

因此满腹的牢骚

别再往下传，

记住这是玻璃房子

禁不起你扔石头。

当然不是看谁的

运气更好，

关键在于我们的课堂，

别再踢皮球。

　　我还经历过几次帮助老师扭转他们关注的重心，让他们承担起为学生的表现和行为负责任的事件。其中一次是一位语言老师，她始终抱怨自己的学生如何如何不肯做作业。一天，我走在走廊里，她叫住我，用她一贯令人反感的口气说："这些学生就是不肯做作业。昨晚我给二十八个孩子发了作业，结果只有三个人交作业！"我很平静地让她告诉我给孩子们布置了什么作业，她向我描述了一番。然后我告诉她，我刚才碰巧去了史密斯太太的教室（一个明星老师），她昨晚给了孩子们完全相同的作业。接着我告诉这个老师史密斯太太班里同样有二十八个学生，但是交上作业的有二十七个。我问这个爱发牢骚的老师是否知道这两者的区别在哪里？她最初回答说不知道。

　　我提示她说，最初分班的花名册完全是随机排的，并解释说她和史密斯太太各有二十八个学生，布置的也是同样的作业。然而史密斯太太班里 27/28 的人都交了作业，她的班里却只有 3/28 完成作业。这引起了我们之间一场有意义的讨论，讨论谁为学生的表现负责，她才是整个班级的核心因素。这成了这位难缠的老师一次宝贵的成长经历。从那以后，她把精力集中在更好地完成自己能改变的事情上，回到了自己的影响圈内。

另一次宝贵的机会出现在我做初级中学校长的时候。科学组的老师在开会，高中的科学组主席罗杰斯先生也参加了。罗杰斯是个非常聪明的人，也是个很能干的老师——是那种我非常希望能在自己学校工作的老师。不过那一天，他心情并不太好。他刚在自己学校开完科学组会议，教高中新生的科学老师们在会上说，九年级学生不肯做作业，原因是初中老师前几年对他们要求不严格。初中的老师们大多数认为我们不应该批评原来曾教过学生的老师，因此很想知道我会有什么反应，毕竟在我们学校，很久没有发生过类似的情况了。

我问罗杰斯先生他在高中是否是个好学生，他自豪地回答："是啊，我是个好学生啊。"其实即使不问，我也知道他的答案。接着我把问题问得更深入一些，我问他是不是个很好的大学生，他挺起胸回答道："我在大学可是优秀学生呢！"我又问："那你对大学的每门课程都会尽最大的努力吗？"罗杰斯先生立即大声说道："是！"不过随即，他犹犹豫豫地补充说："嗯，我学的那门哲学课除外，那个教授很烦人。"我问罗杰斯："那门哲学课上教授布置了作业，你会马上冲到图书馆，彻夜不眠，全力以赴地完成作业吗？"他很快回答："不，那门课才不是呢。我干脆不想做。"我继续问："那么是因为你高中老师对你不够严格吗？"

"什么？才不是，我不努力学哲学是因为我不敬重那位教授。"罗杰斯的声音慢慢变弱了。我停了一下又说："你不介意的话，可以和九年级的科学老师们分享这个故事。"这个故事揭示了，我们有必要明白自己应该为课堂里出现的问题负责。这是关键的一项技巧，高效能老师和低效能老师的区别也正在于此。

承担责任的重要性意义深远。它存在于课堂上学生的各色行为当中，有效的课堂管理者从不依赖校长、校长助理或其他人来改变学生在自己课堂上的行为。它还存在于学生学习、考试分数和学生测评等领域，高效能老师会主动承担起与学生家长和其他家庭成员交流沟通的责任。树立承担责任的理念，并把它作为校园文化的一部分，对教育领导者来说意义非凡。

第8章

来自教师休息室和其他方面的挑战

THE TEACHERS' LOUNGE AND OTHER CHALLENGES

教师会议

我相信，教师会议对高效能学校来说具有举足轻重的意义。在对高效能学校的小学校长、低效能学校的小学校长的研究中，我得出这样的结论，高效能学校的老师对教师会议有所期待而且重视教师会议，而低效能学校的情况恰恰相反。

在许多学校，有个性的消极老师相对其他老师更强势。校长在这种情况下也经常感到不舒服，甚至有时对这些人感到胆怯。对学校管理者来说，感到不舒服或者胆怯不是件让人高兴的事。如果校长知道自己有多不舒服，就能轻易地联想到其他教职工在学校的感受。

在教师会议上，所有人都能逐渐意识到这种非正式的暗含的人际动态。校长很有必要把这种情况转变为积极向上、富有成效的状态，这将是建立学校文化和学校氛围不可或缺的一部分。

　　老师们开会时，难缠的老师通常坐在什么位置？许多的学校管理者都曾被问及这个问题，反馈总是这三个，难缠的老师们会"坐在一起"、"坐在后面"、"靠近门口的地方"。如果其中一点或全部三点在你学校属实，问问你自己："谁是房间里最舒服的人？"

　　想想星期天到教堂做礼拜的情况，哪几排会最先有人坐？最后面几排通常会被最早到的人占掉。我当初去一所学校当校长，那所学校有几个很难对付的老师，对他们不满的大有人在。我当时想，如果我在会议上感到不舒服，那我那些好老师又感觉如何呢？这所学校长期以来形成的习惯是，会上老师提的大部分建议都是消极的，积极老师几乎不发表意见，我觉得这个问题必须引起重视。稍后我会描述我的做法，不过在此之前我希望和大家分享一下故事梗概。

　　比如说在一次教师会议上，有几个老师表示对学生纪律和学生行为甚为担忧。一个坐在教室中部或者靠前位置的明星老师举手说，"我认为我们应该实行午饭留禁制度。我们可以使用一间靠近餐厅的空房间，让表现不好的孩子在那里吃午饭，罚他们一天不能和其他人交往。这种惩罚比较直接，我们也不用担心学生上学前或放学后的交通问题，让他们远离同伴是非常有效的惩罚措施。"她接着补充道："如果大家都能自愿每个月放弃一天的午饭时间，来监督午饭留禁，我们做起来就很简单了。"

　　如果这件事发生在你的会议上，难缠的老师会有什么反应？或许会有人抱怨、嘲笑，甚至挖苦说："你看起来不想吃午饭了吧！"最根本的问题是，"这时候谁才是房间里最不舒服的人？"是你的明星老师，这种状况必须得以改变。

在教师会议上，我和难缠的老师坐在一起，坐在后面靠近门口的地方。我意识到要想改变教师会议上的状况，决定权在我手中。我们学校的传统是，教师会议在图书馆进行，桌椅摆放也是按平时上课的模式。另外，图书馆的桌椅比开会的老师要多。因此，不只是消极老师坐在后面，所有人都坐的比较分散。我马上意识到，我在教师会议上会感到不舒服。如果我作为校长都会感到不舒服，其他老师又会怎样？

我还注意到另一件事，虽然大家都喜欢坐在教室的最后一排——我那些难缠的老师通常到会场最晚——但是其他比较积极的老师却不会去占那些座位，而是给他们留着座位，似乎那些位置是专门为消极老师"保留"的。这就是非正式的权力，我面临的问题是，如何才能改变这种状态。

思考再三之后，我决定每次会议前重新安排图书馆的座位。我把桌椅调换了方向，原来的后面成了前面，前面成了后面。我们撤掉了所有多余的椅子，让桌椅摆放的更紧凑。椅子按歌剧院的形式，都面朝前方。最难缠的老师一般到会最晚，桌椅摆放改变后，其他老师进来先坐到了后面的位置上，难缠的老师没有得到自己的"保留位置"。当消极老师进来后，仅剩的位置就是最前排了。最消极的老师坐在教室的最前面，成了教室里最不舒服的人。接下来在开会之初，按照我和为贵的风格，我面带真诚的笑容对大家说："经常做个小改动也不错吧？我觉得我们可以试一下新的摆放形式。"然后我们开始开会。让消极老师不舒服，他们就会变得安静很多，也不愿意在教师会议上发表反对意见了。

几次会议之后，我又把图书馆的后面换成了前面，前面换成了后面，不过这次我依然让房间保留了歌剧院的风格，并且撤走了所有多余的桌椅。但是，我永久地淘汰了最后面属于消极老师领地的两张桌子。我把那两张桌子并在一起，撤掉椅子，把开会时给老师们准备的饼干、点心和饮料放到桌子上。毕竟，吃的离门口近些是很正常吧？

最后一招：每次会议，我会让我的助理最后走进会场，坐到最爱表达意见的消极老师旁边。坐下前，他会很友好地问这位难缠的老师："这个座位有人了吗？"然后再坐过去。最消极的人成了整个房间里最不舒服的人，当然也就最不想表达消极意见了。

作为校长，在会议上坐到积极老师身边我们会毫不犹豫，但是坐到最消极的老师旁边就会觉得不舒服，这真的很讽刺。这是我们通常把非正式权力交给消极老师的又一个例子。如果其他老师在场，他们也能注意到这种动态。拿走权力，让消极老师不舒服，对建立校园文化非常重要。教师会议是这一过程中非常重要的一部分，也是大家都能看到的部分。

校长还应该思考一下每次会议或小组会议的会议氛围、座位安排等等，有没有哪些人选择坐得远离桌子靠着墙的？有没有人总是坐得尽量离你远些？座位安排以及你自己的定位能够在很大程度上影响到会议的效果，我们的一切行为都会影响整个会议的氛围。努力对学校氛围产生影响，还是任由它发展，这一切由你决定。

在积极教师领导者中培养同样的策略和技巧也很重要，他们对老师动态的了解有益于培养自己的高效领导技能，积极老师的这种知识和技能能够以更加富有成效的方式对学校给予帮助。

教师会议还提供了一个为大家展示如何恰当地与难缠的老师相处的机会。我们对难缠的老师采用的方法为其他老师展示了怎样掌握主动权，怎样避免争吵和权力之争。这是供积极老师观摩的宝贵方法，也供学校其他人与消极老师相处借鉴之用。

如果教师会议的交流模式已经根深蒂固，只有消极老师表达意见，那么私下里你可以找到明星老师和其他受人尊敬的老师请他们提建议，以此改变固有的学校氛围。降低消极老师的舒服程度会让积极老师感到舒服，让积极教师领导者主动在会议上献策献计能很快地帮助不够自信、不太爱表达的老师变得更乐意分享自己的观点，更愿意参与到讨论中来。

教师办公室

高等教育有很多缺点，受到很多批评，很多关于高等教育的抱怨和担忧是有其道理的。不过我敢肯定地说，我所知道的任何学院或大学的教师教育项目都没有一门课程是关于在老师休息室发牢骚的。然而在很多情况下，新老师在第一年工作的十一月（一般学校在九月开学，十一月即开学后不久），在老师休息室发牢骚的习惯便开始萌芽了。预测下周老师们是否会在教师休息室发牢骚的最可靠的依据是什么？是看他们这周有没有在教师休息室发牢骚。这种行为具有惯性，如果不加以干涉或阻止，这些消极的怨言会影响到整个学校的氛围和老师们的士气。

在很多学校，教师办公室、午餐厅或者休息室的聊天时间通常都变成了发牢骚的时间。他们抱怨的内容可能是教育委员会、教育局、校长、不在场的其他老师、学生家长，甚至还会抱怨学生，很多情况下抱怨会涉及以上所有内容。最糟糕的是，有的学校滋生了这种环境，消极态度和风气逐渐瓦解了积极老师，并最终渗入到教室里，让老师对工作不再像原来那样积极。校长必须努力改变学校这种不正当的行为。

如何才能做到这一点呢？显然世上没有绝对见效的方法。不过我想和大家分享一个故事，这个故事我每年学期初都会和我的老师分享，其他学校无数的老师已经分享过并且反映良好。

教师休息室是一个让大家放松、社交的地方，享受与彼此为伴，甚至偶尔还会成为我们的工作间。但这绝对不是我们用来批评教育部门、贬低学校管理制度、指责家长、批评其他老师的地方，更不是贬低挖苦学生的地方。我们不能这么做的原因有两个，一是我们不能待在这样的环境里，我们要远离这样的环境，要按教师角色要求我们的那样有效地教育学生。二是我认为生命太短暂，如果每天这样上班太没有价值。如果我身处这样的环境——人们每天有怨言，发牢骚，郁郁寡欢——那么我就不再喜欢上班。环视四周，我觉得房间里没有哪个人从牢骚中得到很好的回报或者生命足以长到让他们喜欢每天上班发牢骚。

以上是一条很有效的信息，值得和你的老师们分享。每次我和老师分享的时候，总会有这样几个有意思的反应。分享第一条原因时——我们不能待在这样的环境里，我们要远离这样的环境，要按教师角色要求我们的那样有效地教育学生——积极老师们非常高兴，通常会鼓掌，他们做老师这么多年一直期待有人能关注此事。这是一条效力很强的信息，能够强化积极老师的观念。既然积极老师是老师中最重要的部分，那么这条信息的意义本身已经足够强大了。

不过我也想和持否定意见的人分享一点，即第二个原因——我们的生命太短暂，如果周围的人无时无刻不在发牢骚，上班还有什么乐趣可言？我们如果不喜欢上班，所得的报酬会显得更加的微不足道。我以为这个方法会消除教师休息室的所有抱怨吗？当然不是，但是至少我认为能达到这样几个目的。第一，它能帮助大家树立一个对待工作的正确态度。第二，它能协助打破每天上班发牢骚的生活规律。第三，能防止一些人加入发牢骚的行列。第四，有助于强化积极老师们的正确观念，提醒他们自己的想法是正确的。第五，当你分享对大家的这个期望时，房间里每个人都会转身看着学校里最爱抱怨的人，这些消极老师可能就成了房间里最不舒服的人。

利用同事来警告

有时候，利用同事改变难缠老师的行为效果不错，而且在某种程度上能达到其他任何方法所达不到的效果和影响力。

之前我介绍了让一位难缠的老师和两位明星老师搭配参加培训，然后一起给学校其他老师做培训或在职学习的例子。让低效能老师和明星老师合作能够保证活动的良好效果，为中庸老师和明星老师之间培养和发展良好的关系提供了机会，也为表扬难缠的老师提供了绝佳的契机，无论是私下表扬还是公开表扬，抑或两种表扬结合都可以。

　　不过本部分主要讲巧妙地，或者不太巧妙地利用同事来施加压力的作用。说到利用同事，我并不是说让其他老师来对付难缠的老师。对付难缠的老师不是其他老师的责任，而是校长的职责所在。我曾听到校长们表达过这种想法，"为什么没有哪个老师跟他们说一下呢？他们为什么忍受得了呢？为什么我那些积极老师会允许消极老师对他们构成威胁呢？"我对此问题的回答是：这不是由积极老师所决定的事情。这不是他们的责任，而是校长的职责。

　　难缠的老师经常会从心理上回避许多工作方面的问题。他们希望孩子们今天能有不同的表现，或者如果家长能在家对孩子进行规劝，或许老师就能管理的更有效了。他们还会在心理上怀疑管理部门，他们觉得教育部门给他们的报酬与付出不相称（当然不相称——给他们的实在太多了）。他们还认为校长对他们太挑剔，不支持他们的工作，总想抓到他们的小辫子，等等。大多数情况下，这种心理上的疏远属于一种防卫。有了这些理由做掩护，他们就能避免直视自己的缺点。很显然，这种做法并不健康。多数情况下，难缠的老师并不能把自己和同事完全隔绝开来。

　　你最初的反应或许是，"哦，不，他们做到和同事隔绝了，他们根本不在乎同事们对自己的看法。"在给这个问题下定论之前，再问自己几个关于难缠老师的问题吧，我需要你考虑一下他们在公众面前会怎么回答这些问题。可能和我们平时看到的情况正好相反，不乐观的人通常努力掩饰自己的真实情感，他们对别人的感情也表现出漠不关心的样子。由于他们的心理疏远意识和自我保护行为，他们在公众面前对问题的回答可能和自己私下的想法有所不同。但是，如果想更进一步了解他们的真实想法、感受，就不要局限于他们可能会怎样回答。假设你的每一位难缠的老师都在回答这些问题：

　　⊙ 如果学校里的其他老师都喜欢你，你在不在乎？

　　⊙ 如果学校里的其他老师都尊敬你，你在不在乎？

　　⊙ 你希望学校里其他老师认为你是个有能力的老师吗？

　　⊙ 你希望当你退休的时候大家十分尊敬你吗？

　　以上问题，他们会回答"是"吗？对那些诚实地回答"是"的问题，加一分。

　　再想象一下，难缠的老师在诚实地回答下面的问题：

　　⊙ 你希望学校里其他老师在背后笑话你吗？

　　⊙ 你希望其他老师害怕与你合作吗？

　　⊙ 其他老师不希望你在他们年级、小组或部门，你想要这样的结果吗？

　　⊙ 其他老师不想让你的教室挨着他们，你希望这样吗？

　　⊙ 你的同事不愿意和你一起备课或吃午餐，你希望这样吗？

　　他们会对以上问题回答"不"吗？给任何真实想法是"不"的问题加一分。

　　这些问题并不简单。认真研究过这些问题之后，你认为难缠的老师会不会至少对其中一个问题回答"不"？如果老师的总得分大于1，那么利用同事压力的方法将会有效。如果得分为0，那最好再做一次测试。好好想想老师们对以下选择题的真实的内心想法是什么。当然，请忽略他们的公开形象。

⊙ 你希望同事们：

（1）尊重你，还是（2）不尊重你？

⊙ 你希望同事们：

（1）认为你是一个高效能老师，还是（2）认为你是低效能老师？

⊙ 你希望同事们：

（1）十分尊敬你，还是（2）非常不尊敬你？

⊙ 你希望同事们：

（1）喜欢你，还是（2）不喜欢你？

如果你想象的那几位难缠的老师很诚实，哪怕仅对上面的其中一个问题选择1，那么利用同事来让他们进步也是可行的。有极少数老师会对以上所有问题选择2，对于这些老师，我们需要采取不同的策略。需要注意的是，如果想利用同事，难缠的老师不必希望所有人都喜欢自己、尊重自己。只要他们希望一两个人能喜欢、尊重自己，这种方法即是可行的。

这种方法并不简单，绝不要掉以轻心。这是我在试验过许多其他方法之后，认为还不错的一种方法。如果你的学校有一位真正难缠的老师，那么这种方法可能奏效。

我想跟大家分享两个利用同事来影响难缠的老师情感变化的例子。我曾接触过许多从初中向高中转变的学校，转变的环节之一是设立多学科小组。一个多学科小组包括四个老师，分别是数学、科学、社会科学和语言文学老师，他们要通力合作，一起教授大约一百名学生。通常情况下，校长在征求老师建议后决定分组。

一个较为恰当的收集老师意见的办法是在私下里与老师们会面，并询问他们最想和谁一起合作，校长还应该问一下与谁合作会让他们感到最不舒服。在大多数学校，当问到最不希望和谁合作时，大家会重复提到难缠老师的名字。同事们反映的此类信息应该促使校长找难缠的老师谈话，但谈话的目的不是羞辱或者打击低效能老师，而应该是为难缠的老师指明具体的工作方向，提供个人成长的机会。下面是一个范例。

我当时负责开办一所新的中学，因为要组建各学科小组，因此我们需要增加老师人手。我们新聘用的老师当中有人是新来乍到我们学区，有的是要求转到我们学区的。其中一个转到我们学校的老师名声很差，经常对学生大吼大叫，言语刻薄，打击学生，暴躁易怒，对整个学校影响很消极。我先假设自己要"收留"这位老师，不过我问学区总监，在这位老师接到正式的转校通知之前，我是否可以先和她面谈一次。学区总监知道，无论我们面谈结果如何，这个老师都要到我们学校任教，因此同意了我的请求。我同时也了解，这位老师喜欢对学校管理人员表现出一副不屑的样子。我对此并不在乎，但是这对利用同事的观点改变难缠的老师的方法事关重大，毫不关心校长看法的人或许对同事的感受相当在乎。

几天之后，我和这位难缠的老师进行了私人会面。闲谈了几句之后，我以一种十分平静、轻松而且关心的方式问她："你希望我们学校的老师喜欢你吗？"果然，她表现出很不自在的样子，她变得很踌躇，说话吞吞吐吐的，问道："你为什么这样问？"

我以一种非常关心、轻柔的语调和她分享了几个事实，我说：

"我这样问是因为我们学校的很多老师表示，对于跟你共事非常担忧，许多老师说只要不跟你一起跟谁合作都行。"

我很明显地感觉到她情绪有波动，不是愤怒，而是伤心。接着，我很同情地问她，她是否希望将要一起共事的人能够喜欢她并尊重她。待她给了肯定的答复之后，我详细地说明了要怎样做才能让大家喜欢、尊重她。

我非常平静而且体贴地跟她说："我听说了很多你对待学生的故事，我们学校很多老师也听说了。虽然不一定是事实，但是无论如何，如果大家都认为是真的，那就很可能是真的。我们听说了一些你和学生之间令人担忧的事情，其中最令人担忧的事情之一是你对学生大吼大叫，我们学校不允许这样做。他们还表示，你容易发脾气，贬低学生，说话太刻薄，等等。"

我温和地说："在我们学校，我们会始终尊重学生，这是我和全体老师的坚定信念。不过作为学校，我们一直期望所有学生每年都有所进步，无论他们的背景、名声、历史如何，我希望学校的每一个人能用同样的标准来对待新同事。"

整个谈话过程中，我始终言语柔和，但却直截了当。这位难缠的老师不习惯这种直接、体贴的谈话方式，因此感到相当不安。不过她表示希望得到同事们的尊重，并补充说，她明白她对待学生的方式将是大家用来评价她的主要标准，这对她来说是一次相当发自肺腑的表白。

这次利用难缠的老师重视同事们对自己看法的方法打开了感情通道的大门，提供了一次很好的教育机会，同时也为设定老师对待学生的原则和期望提供了机会。她现在很清楚地明白，在我们学校，我们不对学生呼来喝去，言语刻薄，贬低学生等等。我非常自信地认为，这次让她流露真情，为我们的关系设定了标准。她心理上的不适感，以及对同事承认自己的渴望，为她今后的教学行为奠定了良好的基础。有意思的是，这种感情通道一旦打开来，我之后还能成功地利用这种方法，来提醒她我校在对待学生方法上的要求。

只要我在学校，或者到她班上小转，我就会非常敏感地关注她在课堂上对待学生的方法。一旦发现她态度上稍有恶劣倾向，或者口气稍有讽刺意味，我就会心平气和地——我们第一次会谈时使用的语气和态度——跟她说："我刚才听到的语气，正是我们原来说过的，我们在学校不用这种态度对待学生。"用这种方式提醒逐渐进步的难缠的老师非常有效。不过这种语气和方法我会使用的越来越少，因为谈话会涉及其他老师。

因为难缠的老师往往比较自卑，所以在情感层面和他们交往的意义更加重大。如果老师是"左脑分析型"的人，那么效果就更为明显了。也就是说，如果证据、事实或者逻辑推理对某些老师很重要，那么校长就应该避免用"论证"的方式，因为这会让他们感到舒服，或许情感沟通最能有效地对他产生影响。情感沟通的方法之一即是利用同事施加压力。

第二个例子也是关于一位非常具有挑战性、非常难应付的老师。这位老师经常给学生发表一些很不恰当、伤害人、讽刺挖苦的意见，像很多难缠的老师一样，他总有自己这样做的理由。他经常说："开玩笑而已。"过后一段时间内，他会收敛自己的行为。如果给老师的课堂行为施加压力，他的表现还能差强人意，教学成绩还说得过去。也正因如此，直接免他的职也不现实。如果他能不说不得体的语言，稍微花点心思到工作上，他还能跳出难缠老师的范畴。然而这些人太聪明了，总能在付出努力的时候要小聪明。他们总是能想方设法把讨论进步成长的话题变成个人恩怨的争吵，他们始终没有实质性的改变。

通过这位老师平时的表现，对待工作的态度，尤其是对待生活的态度，可以看出他非常不开心。有一天，我在走廊里见到他，于是很关心地、温柔地问他道："你还好吧？我这样问你是因为有几个老师问我'约翰逊先生没事吧？他看上去很不开心呢。有几个学生告诉我们说他刚才在班里说了些很不恰当的话'。"其他老师知道了他的状况，这令他很不安。这种方法以一种非常有效的方式提醒了他，他所做的事情是不恰当的。其他老师认为他做的不对，比校长认为他做的不对影响更大。他看上去既苦恼又不自在，更重要的是，他对待学生的方式有了进步。他似乎对学生怎么看待他并不在乎，或许对校长的意见也无所谓，但是那些匿名的同事的意见足以让他感到不安，来改变自己的教学方式。

即使不直接利用同事来施加压力，对逻辑能力较强的难缠的老师用类似的方法也可以取得满意的效果。同样用前面描述过的轻松、关切的方式问一个不高兴的老师："你没事吧？我刚才听到你对学生大声吆喝。"这足以让难缠的老师从心里感到不舒服了。

记得前面说过的，学校开放日家长模仿某个老师的表情吗？我跟这个老师这样分享了自己的经历，"我刚才在走廊碰到两个家长，看起来好像很生气的样子，双手叉腰，表情动作很夸张。我原以为他们很恼火，后来意识到他们在模仿你。"然后我带着同情和关心说："我告诉你这些是因为我想知道真实情况。"如果你通过别人来验证自己的观察，那么老师就感到很不自在，也就不会去争辩什么。如果你之前尝试过表达自己的观点而没有成功的话，那么这时试试这种方法更能感受到它的效果。

类似的，如果某个老师脾气不好，你可以一直帮助他、鼓励他，甚至出谋献策教给他保持心境的方法。但如果碰到的是难缠的老师，这种方法就不灵光了，感情沟通的方式可能会派上用场。温和地，但是直奔主题地和他们分享你怎样看到几个学生在餐厅模仿这个老师的行为，取笑他们的行为是一个具有强制性的手段。但是别忘了要加上这句，"我告诉你这些是因为我想知道真实情况。"虽然看起来有些咄咄逼人，但真的不失为一种有效的方法。

这种方法的真谛在于，我们都希望知道自己有哪些不雅的或者冒犯他人的行为。想想你那些优秀老师，如果他们行为不当伤害了学生或家长，他们肯定想知道真相。因此，不要回避和难缠的老师分享这些信息，这也正是我在下一章要讲的内容：要始终相信他们想做对的事情。

第 **9** 章

始终相信他们想做对的事情

ALWAYS ASSUME THAT THEY WANT
TO DO WHAT IS RIGHT

大家对难缠的老师的期望值通常很低，因此你见到的事情总在你的预料之中。如果你的期望始终不改变，就不可能看到不同的结果，因此我们有必要坚持相信老师想做对的事情。对所有老师都一样，要相信他们希望做对的事情。保持较高的期望值在任何学校都有助于提高士气，改善风气。

有一个关于六年级老师的古老的故事。那是一所从幼儿园一直到六年级的小学，布朗小姐刚刚开始她的教学生涯，但是校长分给她一个全校最难管理的班。那不仅是当年全校所有六个年级中最难缠的班，而且是学校有史以来最棘手的班。所有老师都知道这个班多么有挑战性，因为他们之前都教过这些孩子。当然，其他人都知道情况，布朗小姐除外。

像所有初次上任的老师一样，布朗小姐对教学的第一天相当期待。几年来，她一直希望自己能给学生强烈、积极的影响。然而，开学第一天仅仅过了三十分钟，她就完全不敢相信眼前这群学生了！这是她见过的表现最差的学生。从那一刻开始情况变得越来越糟。午间休息结束时，他们是最后排好队的学生，在走廊里他们是最吵闹的人，他们是全校最没礼貌的学生。第一天结束时，布朗小姐已经决定要退出教育行业了。

不过经过一晚上的思考之后，她决定再给学生们一次机会，让他们对自己的行为进行补偿。布朗小姐希望能找到一些不错的想法进行实施，因此第二天一早她便来到学校查阅学生的档案。她的发现令她大吃一惊，她简直不敢相信自己的眼睛！这群学生的智商测试成绩竟然非常优异，都能达到134、143、129、152等等，这时，布朗小姐有了主意。

那天学生到教室后，布朗小姐就把这个发现告诉了学生，她说："我今天来的特别早，因为昨天你们的表现令我很失望。我早上去了办公室，查阅了你们的档案。我看了你们的智商测试结果，发现我们是一个非常有天赋的班。既然我们是一个天才班，那么我们要改变自己的行为。我们中午休息要做第一个排队的班，在走廊里要做最安静的班，要做学校最有礼貌的班。"

令人惊奇的是，情况开始变化了，布朗小姐的那些孩子真的变成了整个学校里举止最得体、最懂礼貌、最尊敬他人的学生。其他老师对此大为惊讶，他们走过昔日最为吵闹最令人生气而如今全校表现最好的班时，简直震惊了，即使校长也不明白这是怎么回事。最后，校长和布朗小姐坐下来谈这件事，他问布朗小姐："究竟是怎么回事？原来这些学生是学校最没礼貌的，现在怎么这么懂事了呢？"

　　布朗小姐和他分享了这个神奇的故事。学生们第一天是多么糟糕，她自己对此有多绝望，甚至想到要辞职。然后她描述自己早早来到学校翻看学生的档案，看到学生的智商是 134、143、129、152等等。她又如何告诉学生他们是何等的聪明，因此在行为方面也要做他人的榜样，以及学生们的行为就如何如何改变了。

　　校长让布朗小姐演示给他查看的是哪些档案。他们一起走到办公室，布朗小姐打开学生档案，指给他学生的智商成绩 134、143、129、152 等。校长忍住笑，对她说："布朗小姐，我真的不想打破你的希望，但是这些数字其实是学生的抽屉柜号码。"

　　这种假想的故事不仅可以运用到学生身上，也同样可以运用到老师身上。对待老师的时候，假定他们想把事情做对能够取得积极的效果，难缠的老师也不例外。我们来看一个学校的典型例子。在那些通过打铃来提示上课或者下课的学校，校长通常希望老师能在课间站在走廊里，看着学生。但是，随着大家工作越来越忙，有人直接不想看管学生，导致真正在走廊管学生的老师数量急剧下降。想让更多老师到走廊看管学生，一种典型的做法是在下一次的教师会议上写个备忘录或者通知大家。这种做法通常会涉及到这样的语言，"全校所有老师的职责之一是在课间看管学生！课间大家站在走廊上意义重大。我知道有些人没有这样做。老师手册上有规定，课间大家必须看管学生。"这种方法效果如何？

　　之前本书曾说过，验证我们能否实施一项新规定有三个问题：

　　1. 我实施这个方针或规章的真正目的是什么？

2. 这个规章真的能达到此目的吗?

3. 那些最积极、最能干的老师们对此方针或规章会有何看法?

我们用这三个问题来检验这种方法在实施新政策方面的效果。校长的目的是让更多老师到走廊看管学生,假设在教师会议上强调这个问题,我们来看使用这种方法的整个过程所产生的效果。

大家知道,学校老师中既有明星老师、中坚老师,也有平庸老师,在这三类老师中,谁最有可能在课间监督学生?是明星老师。谁最不可能站在走廊里看管学生?平庸老师。那么老师群体中谁最重要?是明星老师。假设围绕 A 桌坐的是一些平庸老师,围绕 B 桌坐的是明星老师,校长对全体教师讲了下面一段话。

"你们应该在课间站到走廊里!老师手册上写的很清楚,希望每位老师都能照做。今天有两个孩子打起来了,原因是走廊里没有老师,没人来阻止他们,我希望你们每个人每天都到走廊里去看着学生!"

记住,校长的目的是让老师花更多的时间在走廊看管学生。校长上面一番话之后,平庸老师会有什么感受?他们或许会嗤之以鼻,或许会勃然大怒,也可能根本没把此事放在心上。问题是,明天他们会在走廊里吗?很可能不会。

明星老师在课间一直看管学生,他们听到校长上面一番讲话又会做何反应呢?他们可能对校长的讲话感到疑惑,感到沮丧和愤怒。第二天他们会出现在走廊里吗?大概不太会吧,即使去了,也会不情愿。

现在我们回过头,假设重新召开老师会议。围绕 A 桌坐着平庸老师，围绕 B 桌坐着明星老师，校长对全体老师的发言如下。

校长认真、温和地对大家说："我知道你们每个人在学校都非常忙，忙得不可开交。但是我想占用大家一分钟的时间，谢谢那些付出额外的努力、在课间站在走廊里监督学生的老师。我知道你们的时间都很宝贵，但是你们的付出意义非凡。今天我在走廊里正好碰到两个学生想要打架，其中一个学生留意到不远处有个老师。我觉得那个老师根本没有看到那两个学生，但是这个学生把老师指给另一个要打架的学生，两个人就各自走开了。我真心感谢每个付出额外的努力让校园变得更安全的人，谢谢！"

平庸老师听到这些会作何感想？大概会感到内疚吧，他们可能希望受到校长关注的是自己。很多人会因此感到不自在，那么他们明天会出现在走廊里吗？很可能有些人会到走廊里。不过要记住，这些老师对你来说是最不重要的。

明星老师呢？他们在课间一直在走廊里，他们听了校长的发言会有何感受？他们会觉得很自豪，有一种受到重视、得到赏识的感觉。他们明天还会在走廊里吗？是的，他们极有可能仍然到走廊帮忙监督学生。记住，我们始终是根据积极老师的反馈做决定的。

还有一个方法，教给你对待别人时，怎样默认他们在做对的事情，而不是重点关注他们做的对错与否。我们都熟知一些常用的惩罚学生的方法，比如对破坏纪律或者恶意冒犯他人的学生，我们写个纸条把学生送到办公室。我做校长时曾有一个举措，即给学生写表扬的纸条。老师会因为某些美好的事情给学生写个表扬纸条，放到我的信箱里。表扬的原因有很多，比如学生在测验中取得了好成绩，学生每天微笑着面对大家，或者老师看到学生帮助有需要的人等等。

我会把受表扬的学生叫到办公室，和他们分享这些好消息。我还会拿起电话机，打电话给学生家长或者监护人，跟他们一起分享。如果可能的话，我会在工作时间打电话给家长或监护人。他们办公室越忙，或者电话越是占线你越是给他打电话。接通电话后，我会在电话里讲："我是托德·威特克尔，丛林中部初级中学的校长。"说到这里，我通常会听到对方高声抱怨，"哦，不！"然后我接着说："我实在不想打扰你工作，但是我想你或许也很希望知道这件事情，刚才格林老师正在学校大肆表扬你儿子呢，格林先生告诉我乔尼在这次的数学测验中得了 B+……"

我从家长们那里得到的最多的反馈是，之前从来没有哪个学校打电话告诉他们好消息。无论是总爱犯错的学生家长还是将来能够作为学生代表在毕业典礼上发言的学生的家长，都对此给出了同样的评论，这让我明白了为什么家长们更容易相信读到的或者听到的关于教育的负面消息。如果他们从来没有听到过好消息，那么他们应该相信什么？

我总是在家长们上班时打电话给他们，因为我意识到很多家长在最初说"哦，不"的时候引起了其他人的注意，在接完电话后他会立即向别人炫耀丛林中部初级中学的校长给他打电话通知了一个好消息。我还意识到，让人们说你和你学校的好话益处良多。这种做法还会对学生产生积极的影响，曾经有许多学生告诉我说家长为他们感到非常自豪，学生们在家里会做出更多的努力来强化自己的良好印象，写表扬纸条的方式同时也为我和学生之间建立起了良好的关系。

通过这种表扬方式，很多人对我们学校产生了良好的印象，于是我们决定第二年加大表扬的力度，要求每位老师每周打一次表扬电话。做出决定之后我忽然意识到，如果老师在自己的教学生涯中从来没有向家长表扬学生经历，那他们以前跟家长沟通的信息肯定全是负面的。正因如此，很多老师对于跟家长沟通既担心又害怕。我们特意召开了几次会议，讨论了如何打表扬电话跟家长进行正面信息的沟通，我还跟大家分角色表演了我之前用过的几种沟通方法。

不出大家所料，明星老师和许多中坚老师很快实施了这种方法，家长们反馈非常之好，他们班里的学生因为回家后受到家长表扬在老师面前称赞不绝。然而我非常清楚，有些难缠的老师会尽可能长时间地拖延给家长打表扬电话的日子。我知道，让难缠的老师不自在是让他们做出改变的第一步，我决定在下次的教师会议上尝试一种新方法。

我们的教师会议定在星期三下午放学后。星期三早上到校后，我像往常一样巡视学校，在明星老师迈耶斯夫人的教室前停下来，闲聊般地问她是否抽空打了表扬电话，她兴奋地回答："打了！"我问她打电话的情况，她愉快地跟我分享了。接着我问迈耶斯夫人是否介意在下午的教师会议上和大家分享打电话的情况，她欣然同意了。

我又走到另一位明星老师米切尔先生的教室，同样问他有没有打表扬电话，他说前天刚给一位家长打电话，他们家人听到消息非常高兴。我也问他是否介意在下午的教师会议上分享此事，他欣然允诺。

需要注意的是，如果这两个明星老师中任何一人没有打表扬电话，我都不会斥责他们。相反，我会给予他们支持，表示没打电话也没关系。我还会说如果他们哪天有机会打电话，我会非常乐意知道电话的情况，记住这一点非常重要。

在当天的教师会议即将结束时，我说："今天最后一件事情是关于我们的表扬电话活动，有没有人和家长们联系？"米切尔先生举起手。我点了他的名，他跟大家分享了自己实施的情况，以及电话有多成功。我对他为此付出的努力表示感谢，并问其他人有没有打表扬电话。迈耶斯夫人说她打了，而且效果不错。

我对他们打电话表示非常感激，并说这能让学生、家长和整个社区积极地看待我们学校，实在意义重大。我环视了一下房间，有位难缠的老师一直回避和我对视，我礼貌地问她："格拉布夫人，你的表扬电话情况如何……"

顺便问一句，现在谁是房间里最不自在的人？当然是我的难缠的老师格拉布夫人。谁仅次于她感到不舒服？是其他所有没打表扬电话的人。

格拉布夫人是个爱争执的人，她不耐烦地说："我没打表扬电话，因为我在忙着上第五节课呢，你知道那些学生很没礼貌很难对付的。"我面带微笑，礼貌而且恭敬地说："我很理解，我知道大家每个人都非常忙。那么我下个月的教师会议就从分享你的表扬电话开始吧。"

如果我们在与人相处时默认大家都在做对的事情，那么我们在态度上也要一视同仁。

在应对难缠的老师时，下面这种方法非常危险。如果你用指责的口吻问他们，"我觉得你还没有开始那个活动吧？"他们会立即搬出自己惯用的那些理由和借口。他们对这种心态太熟悉了，很习惯你提问题的方式。这样一来，你们之间就建立了争辩的基础，没有任何积极鼓励的成分。如果万一，难缠的老师已经开始实施活动，感到尴尬不舒服的就是你而不是老师了。

"活动进行的怎么样了？"以这种职业的态度接近这些难缠的老师，如果他们还没开始这项活动，你的询问将让他们感到更不舒服。更为重要的是，如果他们已经开始实施活动，会增强你们之间向积极方向沟通的基础。默认难缠的老师也希望做对的事情能够提高他们不舒服的程度，同时又不会损害与难缠的老师或者积极老师的关系。

第四部分

如何与难缠的老师沟通

COMMUNICATING WITH THE DIFFICULT TEACHER

第 **10** 章

择准时机，有备无患

APPROACH THEM WHEN YOU ARE READY

　　我们面对难缠的老师时的一个关键点在于：何时与他们谈论其欠妥行为以及采取何种方式与他们谈论。其中，选择最好的时机至关重要。如果我们在初次接触时没有做好，那么问题就可能升级，甚至可能演变为一个全校性的问题。在面对难缠的老师时，存在有利的因素也存在不利的因素。有利的因素在于，如果我们今天错过了时机，那么明天很可能还有机会。而坏的因素也在于，如果我们今天错过了时机去处理该问题，明天这个问题仍然会出现。在难缠的老师中，大部分欠妥行为都是会持续发生的。然而，不要因此而急于在未准备好的情况下处理问题。通常，他们的行为已经重复发生好几年了，虽然这并不意味着他们的行为具有合理性，但这至少意味着他们的行为没有严重到将导致学校倒闭的程度。即使如此，及早地处理该问题以防止其继续发生也尤为重要。在你走近难缠的老师之前，一定要确保你内心舒畅，而且，你感觉越舒服，他们就可能感觉越辗转煎熬。反之亦然，你准备得越不充分，他们就越会感觉到成竹在胸。首先，让我们回顾一下本书之前讨论过的一个场景，以理解在接近难缠的老师时如何选择最佳时机。

确保自己内心舒畅

我们在处理老师的不恰当行为时，经常出现的现象是我们会对他们的行为带着强烈的反感情绪。诚然，这种情绪是正常的。如果一个学生被老师不合理地对待，我们会感觉很糟，情感会被触动，从而产生相应的内心感情。这种内心感情可能是不舒服，可能是愤怒，也可能是受伤，这些都很正常。然而，我们现在的目标是改变这种老师的行为，我们不能忘记我们的主要目标。在与难缠的老师交流之前，我们必须充分准备好自己的策略。

他们什么时候最不舒服

即使是最有问题的老师，偶尔也会觉察到他们的行为超出了底线。当他们有此认识时，就会感觉不舒服。在他们的错误行为之后一段时间内，他们有可能表现出自己最好的一面。原因很简单，一个人在做出不当行为之后通常都有一段时间感觉辗转煎熬，而且，如果他们真正感觉到自己的行为不妥时，他们甚至会主动找到你去解决该问题，这样他们才能摆脱不舒服的状态。但当他们感觉舒服起来的时候，他们又会回归到原来的错误行为方式。

如果可能的话，不要急着去联系难缠的老师。在你带有情绪的时候，你可能不易于很好地控制自己。带有情绪的时候更容易在辩论中处于下风，也更容易忘记自己的真实目的，即改变难缠的老师的行为。正确的做法应该是，事先调整好自己的情绪，在会见之前制订一个详细的计划。如果在还没准备好的时候，你正好遇见了难缠的老师或者他主动要求与你会面，我建议你延迟会面。你的工作很忙，找一个理由推迟谈话应该不是一件难事。如果难缠的老师尚未意识到你已经知晓了他们的不恰当行为，你就没有必要立即处理这件事情。换作是我，我不会约定一个确定的时间。老师越是感觉你不知道他的行为，他就会感觉越舒服。正如一个小孩，如果意识到父亲知道自己的错事之后，等待着父亲回家惩罚自己的过程是最痛苦的。

让我们重新来审视第七章中提到的一个例子：当会见学生和家长时，老师出现的不恰当做法。当时的场景是老师倚靠在椅子上，打着哈欠，一边看手表一边与学生和家长谈话。从直觉上说，我们希望马上与该老师进行交流来解决问题，但是莽撞往往会使交流变得低效。我们需要一些时间来调整自己的情绪，甚至等上几天或者更长的时间再来处理老师的不合理行为，因为当这种情况发生时，老师可能根本没有意识到自己的行为是不妥的，但无论他意识到与否，我们的目标是要告诉他，他的行为是不可接受的，而不是伤害他或使他难堪。

在最佳的地点与行为不妥的老师会谈也是很重要的。我们的第一反应可能是在他们的信箱中放一个纸条，通知他们来校长办公室会谈。但问题是，如果给予事前通知，即使是问题最严重的员工也会找到足够的理由，为自己所做的任何事情做好心理准备。越多地给予其事前通知，他们的心里就会变得越舒服，而他们使自己变得舒服的方式可能是在有准备的情况下为自己装上心理护盾，可能是关于自己的个人生活之类的借口。总之，如果他们受到事先警告，他们就会采取某种应对方法来使自己心里变得舒服。

正确的方式是，我们应该让自己变得胸有成竹。同时，我们应该制订一个计划，保证我们准备好的情况下他们却猝不及防。在上述例子中，我等了一天才去与该老师谈及他的问题。在此之前，在与他交流时我仍然保持着我一贯的方式，以使他放下心理防线，因为我知道，当他最没有心理准备的时候就是他感觉最不舒服的时候。

第二天，我走进他的办公室，坐定之后就开始与他谈论了前一天的问题。我告诉他，对于他昨天倚靠在椅子上，打着哈欠，边看手表边与学生及家长会谈的事情，我感觉很不舒服。设想一下，如果我没有等到第二天而是在他与学生及家长会面一结束就与他会谈，他肯定能做出很好的回应，比如"学生和家长在这里待得太久了"、"我一直看着他们呀"之类的话。当然，在第二天或者其他的时候他也可能提出这些借口，但无论如何，在一个他最没准备的时刻会谈肯定是他最不舒服的时候。

以不变应万变

在上述例子中，如果老师找到了借口怎么办呢？毕竟，那些有问题的老师可能私下里花了很多年的时间去编造借口。正确的处理方法是：如果他们编造了借口，你一定要以不变应万变。在这个案例中即是："对于你昨天倚靠在椅子上，打着哈欠，边看手表边与学生及家长会谈的事情，我感觉很不舒服。"不要去回应他们编造的理由，难相处的人非常擅于把别人对他行为的注意力转移到对其他人的行为上去。他也许会问，你为什么如此关注这个问题？他也可能抱怨，这些学生和家长是如何得烦人。这种情况下，你一定不能忘记了你要解决的问题，是老师的行为需要得到纠正，而不是你的、学生的或者家长的。如果他还在试图转移注意力的话，你可以继续重复你刚才的话："吉姆，对于你昨天倚靠在椅子上，打着哈欠，边看手表边与学生及家长会谈的事情，我感觉很不舒服。"

如果双方的这种谈话一直重复下去的话，你可以随时打住话题，轻言细语地跟他说："我来跟你谈论这件事情，只是因为我觉得应该让你知道我对这件事情的态度。"经过之前的反复重复其行为以及现在的把问题抛给他自己，你能牢牢地掌控住局面。当你说完你只是希望让他知道你的态度之后，你可以缓缓地结束该话题了，而结束语正是再次重复你刚刚说过的话："我来跟你谈论这件事情，只是因为我觉得应该让你知道我对这件事情的态度。"

如果吉姆找到老师协会的代表来抗议的话，这种方法也是有效的。如果他们挑战你的行为，你可以真诚地询问他们，如果你把吉姆的行为记录在案，他们是否会感觉舒服一些。我有足够的信心断定，他们不会希望你把此事记录在纸面上。你也可以轻言细语地问他们，如果是他们自己有什么行为让别人感觉不舒服，他们是否介意别人告诉他们。面对你的问题，他们很难做出否定的回答。此时，你可以继续说你之所以这样做正是从老师的角度来考虑问题。毕竟，如果一个最好的老师希望知道别人对自己言行的看法，其他的老师为什么不愿意呢？

第 **11** 章

极端假设测试法

THE BEST TEACHER, WORST TEACHER TEST

我们如何才能知道我们与最难缠的老师之间的沟通方式是否合适呢？由于明星老师和其他称职的老师才是我们最核心的财富，因此我们与难缠的老师沟通的方式就显得尤为重要，我们的方式一定要使明星老师和称职的老师感觉舒服。要达到这一点，我们应该首先测试一下，以帮助我们确定在对待难缠的老师时我们是否采取了最合理的方式。

面对一个人，犹如面对一群人

从高效能老师的角度来说，他们希望你改进难缠老师的工作态度，甚至希望你将此类老师赶出学校。然而，其他老师却期望你以专业和合理的方式来解决问题。记住这一点，就能防止在与难缠的老师沟通时招致中坚老师的反感。在你解决问题时，应该反复问自己："如果最优秀的老师在场，我应否这样做？"如果答案是肯定的，那就代表着你的做法可能是合理的。

在处理问题时，想象所有的老师都在场非常有好处，但它同时又是一件很有挑战性、很复杂的事情。那么，让我们先不去想象所有老师的反应，而集中在一个更加有针对性的场景进行测试。

极端假设测试法

在想象其他老师的反应时，校长可以制定出一套更具体的标准。我们知道，难缠的老师一般都会不停地制造话题和谣言，只要他们发现了可能引起别人兴趣的事情，他们都会在第一时间将这件事情传播开去。对于我们直接与难缠的老师进行交流这件事也是一样，我们必须对自己的交流方式进行不断地测评，测评的方法就是观察老师们的反应。我们的目标是让难缠的老师感觉不舒服，我们应该试着去达成这样一种结果。如果这种结果没有出现，那么我们就很难期待难缠的老师会因为我们的交流而改变自己的行为。

然而，比难缠的老师的反应更为关键的是其他老师的反应。让我们首先把反应者的范围缩小到两个老师。

想象一下，你与最有问题的老师进行谈话之后，无论什么时候他都会在与你的谈话结束之后开始一段新的谈话，只是在这段新的谈话中你不在场而已。你与他的谈话一结束，他就会急忙赶回办公室，与正好在办公室里的老师分享刚才的经历。当你就难缠的老师的不恰当言行进行斥责后，不难想象他们一定可以在办公室找到一个肯听他们倾诉的人。现在我们设想，每次难缠的老师回到办公室的时候，都恰好有两个其他的老师在场并倾听他对你们之间谈话的再现，这两个老师就是学校最好的老师和最差的老师（如果你的谈话本身就是在你和最差的老师之间展开，那么不妨设想在办公室的老师是全校第二差的老师）。不要关注难缠的老师对你们之间谈话的再现在多大程度上贴近事实，对于事实的再现每个人都有自己的看法，而且好老师非常明白，难缠的老师在讲述你们之间的对话时肯定是站在他自己的立场上。与其纠结在难缠的老师怎样描述你们之间的对话，还不如专注在其他两位老师的反应。那么，他们将做出何种反应呢？

如果你在与难缠的老师进行交流时采取了正确的方式，那么你就可以预期两位听众老师的反应。还是回到之前吉姆的例子。如果吉姆回到办公室后，向两位同事讲述你对他倚靠在椅子上、打着哈欠看着手表的行为进行了批评，两位同事将做何反应？

从表面上看，最好的老师会表现得很关心，并很耐心地倾听难缠老师的话，但从内心来说，最好的老师已经迫不及待地想拥抱你了。他心里会想，终于有一位校长尝试着直面这位老师的问题了。这位老师的不恰当言行已经持续了二十三年，现在终于有人与他交流了。当你下次见到最好的老师的时候，你有足够的理由相信他在心理上对你是多么的满意。

最好的老师在表面上必须得同情和理解难缠的老师，这是待在一个办公室的人应有的反应，无可苛责。作为校长，你也应该为此感到高兴并尽量保持这种员工间的彼此尊重。对于明星老师来说，如果其他的老师对他失去了尊敬，那么他的带头示范作用将不复存在。因此，最好的老师在倾听时表面上怎么表现并不重要，重要是的是他们内心怎么想。如果他们觉得你对难缠老师的处理方式很合理，这就是非常有价值的。

如果你能完全改变难缠老师的行为，最好的老师将会感到非常高兴。谁不是这样呢？然而，现实地讲，最好的老师更合理的期待应该是你的尝试。毕竟，他们之间共事的年月可能比你和难缠老师接触的时间更长，因此最好的老师明白，完全改变难缠的老师的行为有多么困难。他们不会期待着一夜之间出现奇迹，但他们非常想看到作为校长的你在此问题上做出的尝试，而且你也应该为了他们这样去做。这有点类似一个教室里经常出现的场景：有一个淘气的学生，其他的学生非常希望老师对淘气的学生进行干预并纠正其行为，但是他们明白这个淘气的学生这种行为已经好几年了，不可能立马改变。作为与这个淘气的学生相处了几年的同学，他们期待的不是老师立即改变这个学生的行为，而是老师对此进行尝试。其他同学能够接受老师不能完全消除淘气学生的行为，但期望老师以一种敬业和适当地方式处理该问题，以对其他人进行积极的引导。

好老师的态度与此类似。当看到难缠老师的不恰当言行后，好老师希望我们加以干预，努力消除难缠老师的负面言行。如果好老师看到了我们的努力并认为我们的方式恰当的话，他们对我们的接受和信任就会加深。

以上我们预测了好老师对此事的心理反应，那么其他难缠的老师呢？此时他们作何感想？表面上，他们可能会对该难缠的老师分享的谈话表示很关切，而且坚定地支持该老师，坚称他是被冤枉的，这是因为他们需要保持多年来建立起来的"攻守同盟"。但他们内心的真实想法呢？让我们来分析一下。

实际上，在听到这位难缠老师的倾诉后，其他难缠老师的内心是焦虑的，虽然表面上他们声称校长做得多么不合适。他们此时其实在反思："不知道在我身上有没有出现过这种情况，我有没有在不合适的时间倚靠在椅子上，边打哈欠边看手表？"如果他们心里这样反思的话，你就不用针对同样的事情再跟这些老师进行谈话了。没有你的出面，他们也会明智地在以后的行为中消除这些不良的习惯。即使他们没有消除，你至少也可以确定办公室里两位听众老师对你与难缠的老师谈话这件事的感受了：最好的老师感觉非常舒服，最差的老师感觉非常不舒服。通过这种假设的两位听众的测试，我们能够很好地对自己所采取的方式进行检验。

善用分享，事半功倍

与存在不合理行为的员工进行交流以改变其行为，这从来都不是一件轻松的事情。如果可以选择，我们肯定选择不去做这件事情。这里就产生了一个问题：我们是选择在全体老教师会议上指出存在的问题，还是单对单地指出存在的问题？在全体教师会议上指出问题的好处在于这样可以减少我们就同一问题谈话的次数。在第九章中，我提到了一个例子，即在加强走廊的监管一事中，我们在选择方法时应该着眼于正在走廊里的老师，而不是那些不在的老师，而且我们应该使在走廊监管的老师尽可能的多，这样监管的效果就会更好。此时，如果你觉得还有需要单独与哪位老师谈话，那也无妨。然而，如果你希望与不在走廊的老师谈话，那么我觉得你的谈话对

象应该是越少越好。针对一位老师的不恰当言行，如果我们采取了
有效的方式进行谈话，那么这位老师事实上就会成为我们的信息传
递员。如果我们采取的方式足够合理、足够专业，我们与之谈话的
老师就会将我们的意见传递给其他人。基于这一点，我们也可以决
定先找哪一位老师进行谈话。如果我们从最愿意遵从的老师入手，
可能是一个好的开始。而如果从最喜欢与同事分享信息的老师入手，
我们则能省去很多重复工作，避免很多类似的谈话。

一对一，而非一对多

　　针对一个不合理的行为，不管什么时候我们都不应该对着一大
群人说。如果在全体教师会议上，我们说"你们中的有些人总是上
班迟到"，那么就会出现两种结果。第一种结果是上班准时的老师
会对此非常不满，因为他们从来没迟到过。第二种结果是这种处理
方法使真正的迟到者得以隐藏起来，他们可能对你的话不以为然，
甚至根本就没出席会议。即使他们出席会议听到了批评，也认识到
了迟到的行为是不对的，他们也不会感到多少压力，他们此时的心
理活动是："不用紧张，我们中肯定有好多人迟到，否则校长也不
会在全体会议上说了。"这样就会让拖拖拉拉的老师心里非常坦然，
但如果我们跟他进行的是私下谈话则不然。

　　如果我们是在年初动员会议上提到类似的事，大家又会是另一
种心态。设想一下，若是我们在年初会议上提到，学校非常看重职
业精神，包括大家的着装、上班的准时等，老师们就会认为我们是
在谈自己对将来的期待，这与已经成为事实的不当行为是不同的。

这种情况下，谁都不会感到不舒服，因为既然是对将来的期望，那么现在谁都不需要为此负责。

对于一对一的谈话的方式，我们有时会为自己的迟疑找借口，说这种方式会伤害具有某些不当言行的老师的感情，因此我们不愿意采取这种方式。在一定程度上这有些道理，但我认为实际上更真实的原因是我们害怕伤害自己的感情。我们经常会考虑的问题是，如果在谈话中对方生气了或者忍不住哭了，我们该怎么办？作为一个善良且愿意替人着想的人，我们考虑到这些无可厚非，对别人可能的情感反应做出预判没什么不好。然而，作为一校之长，你不能因为这种担忧而不去做必要的事情和正确的事情。诚然，你是唯一一个会与老师进行此类谈话的人，自我防护的心理是正常的，但你必须要维护好全校学生的利益。

第 **12** 章

着眼于消除不恰当行为

FOCUS ON ELIMINATING BEHAVIORS

我们都期望自己学校的每一位老师都把学生的利益放在第一位，而且每个学校都有很多老师如我们所期待的这样，随时关注着学生的利益。有的老师平时可能比较沉默寡言，但内心却是把学生的利益看得非常重要。但确实有的老师的行为表明，他们行为时的着眼点是以自我为中心，而非以学生为中心。每一位领导都会面临着一个挑战，那就是改变员工的观念和信仰。这是一件非常高尚的事情，我鼓励每一位领导都这样去做。我们在此间会遇到的一个障碍是，我们很难知道某人内心的真实想法是什么，因此我们只能通过他们的行为来进行推测。虽然外在的行为并不一定是一个人内心真实意思的体现，但是对于学校的学生来说，老师行为的原因对他们来说并不重要，真正影响他们的是老师做出了何种行为。我们实际上看到的是一个人的行为，不是他内心的信仰，真正影响我们的也是一个人的行为而非内心信仰。我们先来看一个高效能老师的例子。

对于一个老师来说，总有一些学生是他偏爱的，也总是会有一些学生是他不大喜欢的。这与哪位老师没有关系，任何一个老师都会有此情感分层，最体贴最称职的老师如此，最不负责不称职的老师亦然。我同意，好的老师往往在偏爱的学生数量上要远远多于不负责的老师。但数量上的差异确实存在，情感上的分层却不可避免。然而，好的老师和差的老师一个最大的不同点在于他们行为上对待学生的方式不同。好老师关心、关注每一个学生，不论他们内心对其是何种情感，而差的老师则很难在行动上对学生倾注感情，即使是对他们最喜欢的学生也是这样。

也许你认为，老师之间对于学生的感情差别很大，我也赞成这一点。而且，在老师对学生的情感和他们在行动中对学生的关心之间，很可能成正比。无论如何，不可否认的一点是，不同的老师对学生的行为有着很大的不同。对于学生来说，他们立即就能觉察到这种不同。最好的老师对待所有的学生都充满了尊敬，不管在内心的情感上该学生处在哪个层面上。

作为校长，我们必须明确，自己的目标在于消除老师在学校的负面行为，如果不记住这一点我们就很可能偏离正确的方向。当我们与有问题的老师交流时，他们会不断地将我们的注意力从其不恰当行为转移到其他因素上去。对于我们来说，只有将注意力集中在他们的行为上，才可能产生良好的效果，使其行为真正得到改进。

不要为"难缠的老师"开脱

当我听到一个校长为不负责任的老师辩护时，我会非常生气，没有什么比这更让人恼怒的了。由于我对本书的写作需要，我与很多校长都保持固定的联系。很多次，我收到来自校长的问题，都是在讲有些老师是如何的难相处，但令人奇怪的是，在描述完老师的不恰当行为后，接下来往往会有一句话："但他们仍然是好老师。"难缠老师的不恰当行为可能是对学生说了脏话，此时校长的说辞往往是："该老师是一个好老师，只是与学生相处时存在一些问题。"实际上，校长描述的该老师可能是一个脾气非常差的人，一年里有很多次不能控制自己的行为。

　　如果我们客观地看待这个问题，我们就会发现，这样的老师绝对不是好老师。诚然，他们也许算不上是整个地区最坏的老师，他们在某些领域内很有能力，对自己的学科了如指掌，人也聪明，但是如果一个老师一直存在某种不恰当的行为，他们很难称作是好老师。

　　在判断一个老师是否是好老师时，一个很好的比较标准是问问你自己："对我校最优秀的老师来说，他们的不恰当行为大概多久才会出现一次？"如果答案是他们身上从来没有这些行为，那么难缠的老师就不能被称为好老师。当然，这绝不意味着难缠的老师应该受到攻击，也不意味着他们应该被贴上不负责任的标签。我只是希望，校长在看待此事时，不要急着去为这些老师辩护。在我们的学校里，我们从来都不应该故意地去侮辱或者伤害任何人，然而，如果校长、学区总监以及其他的老师都在为难缠的老师辩护的话，那么潜在的后果可能是难缠的老师为自己的行为找到了合适的理由，客观上也可能鼓励其他的老师效仿这些不合理行为。

"但是，我的个人生活出了问题……"

很多难缠的老师容易找的借口都是与个人生活有关，比如："我之所以对学生大喊大叫，是因为这段时间我的婚姻出了问题。""我责骂了这个孩子，是因为她让我想起了我女儿身上存在的问题。"对于一个负责任的校长来说，在听到员工的个人生活遇到问题时，往往都心生同情，充满了理解，但是如果我们仔细审视这个问题，我们就会发现，每个老师在学校之外都会存在很多的个人问题，这些问题总是处在消长之中，不可能都得到解决，也不可能都得不到解决。不同的是，最好的老师很少甚至没有因为这些课堂之外的事情影响自己对待学生的态度，但难缠的老师却不是如此。当然，这并不是说作为校长的我们应该对老师面临的个人问题无动于衷，正好相反，对于老师讲述的个人问题我们在必要时应该表现出同情，但我们应时刻记住，这些外在的因素不应该被一直作为借口，为一个成年老师在学校的不合理行为进行开脱。

即使对于学生来说，我们也不能接受此类借口。一个学生的心情再坏，他也不能以此作为伤害其他同学的理由。当然，这不是说我们不应因此对该学生多加宽容，有时候我们可能会对该学生开点绿灯，但凡事总有限度。

在此问题上，一个最好的判断标准是分析老师的不恰当行为是不是暂时性的。一个老师当天遇到了不顺心的事情，如果他让学生知道自己的问题，学生是会包容老师的不恰当行为的。老师因为家庭情况等原因而不在最佳状态，对此学生是很能理解的。然而，难缠老师的不恰当行为并不是暂时的，而是持续性的，并且老是会为自己的行为编造理由。不管他们的理由是什么，作为老师他们都不能一直在学校做出不合理的行为。对于好老师来说，在学生走进教室之前，他们会过滤掉因个人生活导致的不良情绪。对于所有的老师，我们都要有一个持续性的标准，如果有一部分老师能够做到不让自己的个人生活影响对待学生时的情绪，那么其他的老师为什么不可以呢？

故意的还是无意的

当我们与一位难缠的老师一起工作时，我们有很多种情绪，可能是气愤、遗憾、害怕，也有可能是希望马上加以干涉。一位好的领导具有对事不对人的特点，敢于直言，这样会使他工作高效。然而，当我们处理难缠老师的不恰当行为时，我们必须首先确定他们的行为是出于故意的还是因为他们确实没有更好的办法。在处理学生的行为时，我们也应该注意这一点，比如说，一个学生说没有铅笔，我们就应该想想，他是故意不带铅笔以逃避课堂作业呢，还是他无意间把铅笔给弄丢了？虽然我们不一定每次都能准确地回答这一问题，但是当我们确定是什么原因时，我们就能在处理问题时没有压力和罪恶感。在处理难缠老师的问题时，也是这个道理。

一般来说，一个人做事时都会采取自己认为的最好方式。每个老师在管理班级事务时，都在试着采取他心中认可的最有效的方法，让学生能约束自己的言行。但是，有时候事情并没这么简单，我们在判断难缠老师的初衷时，很难确定他是故意的还是无意识的。

　　如果一个老师在上课时过多地坐在椅子上不愿意起来，我们能够推断出很多可能得原因：可能是老师太懒了所以不愿意起身，也可能是老师正沉迷于一个当下正流行的单机电脑游戏无暇兼顾其他，甚至可能是该老师不知道怎么做更好。究其根源，很可能是该老师在教学实习时，跟他一起相处的正式老师就是这样做的，也可能他现在的某个同事一直就是这种行为。如果要改变该老师的行为，就有必要先确定他这样做的原因。

　　实际上，老师上述行为的原因是很容易确定的。最好的判断方法就是看当校长走进教室的时候该老师的反应是什么，是继续打电脑游戏还是看到校长了就起身去看看学生的动向。如果他继续打电脑游戏，说明他并没有意识到自己的行为是不恰当的，但如果他顿时感到很紧张，马上起身向学生走去，就说明他们知道自己正在做的事情和自己应该做的事情存在很大的差别。在后者的情况下，他们并不是不知道对与错，而是有意识地选择了错误的行为。

　　当我们致力于消除老师在学校的不合理行为时，必须要对老师行为的原因做一个具体的分析，以上事例说明了这样做的原因之一。回想上文中的吉姆的例子，当我跟他谈话的时候为什么我要那么具体地说明他当时的行为：倚靠在椅子上、打着哈欠、看着手表？因为对他来说，非常重要的一点是要清楚地知道自己需要消除的行为具体是什么，如果我没有告诉他哪里做得不合适，却让他改变自己的行为，这确实非常不公平。我们不能期望一个人仅凭自己想象就能知道自己哪里冒犯了别人，毕竟吉姆这种行为已经持续了很多年了，他的教师生涯就是这种行为方式。我敢确定地说，吉姆这样做的原因要么就是他不知道自己的这些行为会冒犯别人，要么就是他本身知道倚靠在椅子上等行为会冒犯别人但没有意识到自己正在这样做。他为什么这样做的原因并不重要，重点是他这样做了而不是他为什么这样做。如果我不具体地向他说明他的哪些行为不妥，那我就很难期望他在将来能停止这些行为。当我具体跟他阐述了他的不恰当行为后，现在我就有理由期待他在以后能改变自己的行为了。如果以后这种行为再次发生，就说明他是故意再犯。

关于我们为什么需要把焦点持续性地放在难缠的老师的不恰当行为本身上，除了上文的分析之外，还有一个原因。先前，我们讨论了"重复最初的论调"，例如，当难缠的老师试着将焦点转移到其他的事情上时，我们应该一直强调他的不恰当行为本身。那么，当对话发展到何种程度的时候我应该停止"重复最初的论调"呢？你的第一反应也许是当吉姆为此事向我道歉的时候。虽然得到吉姆的道歉好像是一件不错的事，但实际上，真正需要吉姆道歉的是孩子和其父母，而不是我。我的真正关注点不在于对已经发生的事情采取补救措施，毕竟，对大多数存在不恰当行为的成年人来说，他们一般都不愿意向别人道歉，甚至也不知道如何正确地向别人道歉。而且，我也不会让该老师去向学生和学生家长道歉，虽然如果他这样做了将会是一件很好的事情。我真正想要的其实很简单，那就是以后不要再这样做了，我的着眼点在于消除他的这种行为。设想一下，如果我们的难缠的老师给多年来自己曾伤害过的人都写一个纸条表达歉意的话，该是多么的好，但我们都知道这是不现实的。然而，当我们与难缠的老师具体说明了他们存在的问题，并直接要求他们改正后，期待他们将来不要在同样的事情上再犯，这应该是很合理的。有了清晰明了的说明，就会有清晰明了的改正行为。

如果我们没有对难缠的老师的不合理行为具体说明的话，我们就不会知道他下次再犯的时候是无意识之举还是故意为之。一旦我们清楚地告诉了他们自己的哪些行为不合理，以及将来需要怎样改正，我们就能判定他们行为的主观心态了。只有当我们明确自己的目标在于消除学校的不合理行为时，我们才能更好地将注意力集中在最终的结果上。我们真正关注的东西应该是外在的行为，而非内在的原因，只有这样，当问题得到改观时，我们才能意识到这种改观。

关注我们自身的行为

把焦点放在行为上，这既是我们对难缠老师的态度，也应该是我们对自己的要求。没有一个领导希望与难缠的员工交流，也没有哪个校长希望与老师进行直面的对话。但区别在于，有的校长会选择处理难缠老师的行为，而其他的校长选择了沉默。在每个学校，可能都有校长不愿意接触的老师，但当其他校长都回避这个问题的时候优秀的校长选择了坦然面对。也许你不能控制自己的情感，但请务必控制住自己的行为。

比如，当你看到一个老师正在侮辱一个学生时，你的第一感觉也许是愤怒，甚至会想着像他侮辱学生那样去侮辱他一顿。然而，作为领导，我们不能总是意气用事。当我们冷静下来，计划好如何处理这件事情之后，再与这位老师进行交谈，肯定是更加专业更加有效的方式，毕竟，使事态变得更加严重不是我们想要的结果。我们的目标是改变不合理的行为，而不是以彼之道还施彼身。如果连一个校长都不能控制自己的行为，那么怎么能期待学校的老师和学生能控制住自己的行为呢？

从情感上来说，当看到难缠的老师的不合理行为后，你产生怎样的内心情绪都是可以接受的。很多学校都有一些难缠的老师，其他的老师跟他们相处时会觉得不舒服，甚至感到害怕或者有被胁迫的感觉，甚至在很多学校，连校长也会觉得不舒服。这些情绪都很正常，存在于正常的人性之中。关键不是在于如何去避免这些内在的情绪，比如不适、担心、胁迫等，而在于你必须要克服这些情绪，转而找到一种合理的行为方式，来克服难缠老师的不恰当行为。你不能让自己的愤怒情绪左右了自己的行为方式，你应该做的是：首先，判定哪些行为是你希望老师改变的；第二，什么时候、在什么地点会见该老师；第三，计划好自己会面时采取的策略；第四，把行为的目的牢记心中，即一切为了全校学生的利益。

第 13 章

发问的策略

QUESTIONING STRATEGIES

与难相处的人交流很少有乐趣可言，尤其是交流中还涉及到他们有违职业修养的事情时。我们对这种交流有些害怕，而且我们的行为会折射出我们的这种心理状况。这些人非常善于控制谈话的节奏，对方在谈话中不自觉地会充满自我防卫的意识。要提高与这些难缠的老师交流的能力，我们就必须学会如何在谈话中运用有效的技巧。要处理的问题越是具有挑战性，谈话的对象越是难缠，我们所采取的方式就越是重要，我们需要把谈话的进程控制在我们希望的方向。现在，就让我们来看看如果在特定的情形下采用有效的方法。

脾气坏的老师

假设一个学校有三个五年级的老师，其中一个老师叫格拉姆普夫人，她对其他同年级的同事态度一直很恶劣，原因我们在此不论。

自格拉姆普夫人两年前转入该学校开始，其他两位老师都一直试着
与她建立友好的关系，然而，这两位老师抛去的橄榄枝却从来都没
得到过什么回应。

在一个星期四，格拉姆普夫人询问其他两位老师是否愿意在星
期五的最后两节课将学生带到她的班上来。因为格拉姆普老师准备
在周五给自己班上的二十五位学生放一部电影，她希望另外两位同
事也能将学生带过来一起观看。两位老师非常震惊，也压根没有意
识到放视频与学生的课堂表现有什么联系，但他们认为，格拉姆普
夫人此举是有意在加强与他们的沟通，因此这将会是一个建立彼此
友好关系的绝佳契机。在他们看来，格拉姆普夫人终于感受到了他
们的诚意。

第二天下午，两位老师静静地将各自班上的二十五名学生带到
了格拉姆普夫人的教室。当他们坐定之后，格拉姆普夫人从桌子上
拿起了光盘，向电视机走去，看起来是去播放电影的。但正当要摁
下开始键的时候，格拉姆普夫人突然大声宣布："鉴于同学们这周
的表现相当优秀，我给我的二十五位学生准备了蛋糕和饮料，你们
边吃边看吧！"

我们可以想象，当时另外两位老师是何其的惊愕与愤怒？他们
下巴都气得快要掉下来了，当时恨不得上前去将格拉姆普夫人打倒
在地。但作为老师，他们此时除了让自己的学生坐在那里生闷气以
外，别无他法。格拉姆普夫人在给自己的二十五名学生分发糕点和
饮料的时候，两位老师异常愤怒，但他们还是熬到了电影结束。电
影放完的时候，下课的时间也正好到了，一走出教室门，两位老师

就直奔校长办公室。

两位老师跟校长讲述了刚才发生的事情，希望校长站出来主持公道。但同时，他们又希望校长不要告诉格拉姆普夫人是他们向校长透露的此事。这时，轮到校长陷入两难境地了。

我们的第一反应是，怎么看待这两位老师的行为呢？他们难道不能直接与格拉姆普夫人正面交锋吗？有一种可能性是，他们有点惧怕格拉姆普夫人，虽然我并不百分百地确定这一点。但我们想想，如果格拉姆普夫人不是觉得自己能镇得住另外两位老师的话，肯定不会用此伎俩来使他们陷入尴尬之中。从一位校长的角度来讲，如果有一位老师站出来直面蛮不讲理的老师，自然是再好不过了。但是，两个人正面冲突之后呢？这个蛮不讲理的老师会因为地位与自己平等的同事的抱怨而改变自己的行为吗？有时候，蛮不讲理的老师不仅不会改变自己的行为，反而会找一个新的同事再次戏弄。但是，如果是校长亲自来纠正这个问题的话，结果就完全不同了，校长的威严能阻止这种情况再次在学校发生。

我们假定，上述场景并非虚拟，而是真实地发生在一个学校，那么此时校长应该采取何种策略来处理此事呢？让我们来仔细地分析一下。

"能跟我说说关于……的情况吗？"

在上述状况中，很明显格拉姆普夫人是故意为之。而且，那个想出此伎俩的人在学校肯定感觉非常自信，有着很强的优越感，这种优越感不仅是在面对其他两位老师时有，很可能在面对校长时也有。在学校里，有些老师可能很强势，对其他老师形成了比较大的心理胁迫。那么，我们该怎样处理类似的事情呢？我们需要一个良好的策略来使我们牢牢控制局面。

我的建议是，如果可能的话先等上一段时间再来处理此事，这段时间可以是若干天。在此之前，你应该仍然以正常的态度对待格拉姆普夫人，这样她就很可能在这件事情上放下警惕之心。某一天时机成熟之后，你假装偶然路过格拉姆普夫人的办公室，仍然以通常的友好方式问候她。问候完后继续走，然后转过身，像突然想起了什么事情一样，对她说："格拉姆普夫人，你能跟我说说关于给你班上的学生放电影的事情吗？"

也许在你看来，这个问题问得不够直接，太过于宽泛。实际上，我们要的就是这个效果，因为我们的问题越模棱两可，该难缠的老师的内心就越不舒服。对于一个难缠的老师来说，一直以来都在努力做的一件事情即是探测校长对自己的行为知道多少，从而决定自己回答问题是按实回答还是撒谎。我们问话时提供的细节越少，难缠的老师就会越多地纠结到底怎样回答。

对于你的问题，格拉姆普夫人面临着一个简单的选择：撒谎，还是说真话？不管她是否说了真话，你接下来的态度要像我们在第九章讨论的那样——将她的行为视为非恶意的，也就是说，不管她的回答是"你说什么，我怎么一点也听不懂"、"什么电影"，还是"你是指上个星期五发生的事情吗"，你都不需要表现出任何内心情绪，而要继续探测她。

此时，她也在试着探测你，以确定你对她的行为到底知道多少。

而正是因为她不知道你对此事的了解程度，所以她内心会十分的焦虑不安。下一步你的探测可以深入一些。

比如，你可以继续说："格拉姆普夫人，你能跟我说说关于在班上放电影和请学生吃东西的事情吗？"如果她回答说："我不知道呀，您在说什么电影和请客的事呀？"那么你就装作相信她在说真话。此时你的回应可以是："好的，谢谢，我再看看别人知不知道这件事。"然后，你就可以离开了。你也可以顺便提到你问她这个问题是因为你中午在食堂偶尔听到学生在谈论关于电影的事情，或者你可以说有个家长向你询问过此事，你要给他回个电话。这样就把你得知此事的途径转到了学生或家长，而非她的同事。你可以想象，此时的她肯定会非常关注这件事情，而你只是让她告诉你一些东西，并不透露你知道哪些，不知道哪些。

然后，你可以随时再到格拉姆普夫人的办公室询问此事。比如，第二天你可以以这样的话开始："格拉姆普夫人，你能否告诉我关于上个星期的电影和孩子们收到糕点的情况？"现在，你就可以随心所欲了，不管是说出很多细节还是只描述得很简略都没有关系了，最终，一切真相都会大白。而当格拉姆普夫人说出整件事情的时候，你要装作非常震惊的样子，表示不敢相信学校会发生这样的事情。接下来，你可以跟她说让她今晚想想，是否可以明天给三个班的七十五个孩子都打电话解释一下这件事情。需要注意的是，此时你的语气一定要十分诚恳，并表现出极大的关注，不能显现出丝毫的粗鲁或嘲讽。这样，她就会花上整个晚上的时间来反思自己的行为。

至于最终的处理方式，你最好是跟她说，这次就不需要她跟所有孩子的家长打电话解释了，但是这样的事情绝对不能有下一次。一定要记住，你"调查"这件事情的时间越长，对格拉姆普夫人询问的过程越多，她就会感觉越不舒服，这样对她将来行为方式的影响就会越大。

不管我们面临着什么情况，我们都可以以这样的方式开始谈话："你能跟我说说关于……的情况吗？"要知道这并不是一种冒犯别人的谈话方式，它还能够被用来跟学校的优秀老师谈话，比如说："你能告诉我一些关于你正在做的科学实验的情况吗？我中午的时候在食堂听到很多学生都在兴奋地谈论这个。"

在处理问题时，对各个时刻所处的情形一定要有良好的把握。以上我们讲述的情形是一个刻薄的老师故意要伎俩戏弄同事，尽管面对这样的老师作为校长的我们可能都有一些紧张，但是如果采取上述方法，我们就能很好地掌控住谈话的方向。你也可以将这个技巧推而广之，将其适用在与别的老师以及学生、家长的谈话上。这种谈话方式的特点是让对方多说，因此如果我们谈论的是对方身上的某些优点时，他们会非常具有成就感，但如果谈论的对象做了错事并希望将事情隐瞒时，他们就会非常不舒服。

最好的老师会怎么做

在第八章中，我们讲到了在全体教师大会上，如果我们不加干预的话会出现何种结果。难缠的老师往往会坐在一起，选择的位置也多为后排或靠近门的位置，这样能让他们感到轻松。面对这样的情况，我们可以重新安排座位，而且，我还习惯让我的助理坐在最难缠的老师旁边。这样做的好处是不可思议的，难缠的老师会感到很不舒服，而且有孤立无援的感觉。我的这种处事方式是从何而来的呢？是受到了学校最好的老师做法的启示。

让我们想想，在学校开全体学生大会的时候不同的老师会有什么不同的做法。当把学生带到体育馆或者大礼堂之后，最好的老师会选择坐在最可能违反会场纪律的学生旁边，或者坐到这些调皮的学生中间。最好的老师在对待这些调皮的学生时，就像对待最乖的学生一样，他们礼貌相待，充满着职业精神。而且，在合适的时候，最好的老师还会带动调皮的学生一起讨论此次学生大会。正因为老师对待学生时充满了尊敬，维护了学生的自尊，因此，反过来学生也会表现良好，对老师充满了敬畏。在全体教师会议上，道理也是这样，如果安排一个领导坐在最有问题的老师旁边，而且对他们保持尊重，那么难缠的老师也会投桃报李的。

而不负责任的老师的做法则正好相反。在全体学生大会上，他们会选择与其他的老师坐在一起，或者站在墙边，甚至可能根本就不参加大会。即使他们选择了与学生坐在一起，他们也会远离调皮捣蛋的学生。同样的，这样的情况也可能发生在一个缺乏领导艺术的校长身上。在全体老教师会议上，与会的老师可能有很多，如果不加干预的话，难缠的老师可能会选择与领导距离最远的位置坐下。

我们应该多问问自己，当学生出现类似于难缠的老师的不恰当行为时，好老师是怎样处理的，这样我们就能借鉴好老师的成功策略，以运用在处理难缠的老师的问题上。我们要意识到，最好的老师在对待学生时，是把他们看作成年人一样，在这点上学校里其他人都没有达到最好的老师这种程度。不管学生表现怎么样，最好的老师处理问题时都充满了职业精神。结果，比起在学校的其他地方，学生在教室时表现得更像成年人那样。通过分析最聪明的老师的行为和采取的策略，我们还能发掘出更多对待学生行之有效的方法。在对待成年人时，我们也能从这些方法和策略中得到启发，找到最好的解决问题之道。

第五部分
削弱难缠老师的影响力
WEAKENING THE INFLUENCE OF DIFFICULT TEACHERS

第 14 章

消极领导者请别再令人扫兴

NO MORE PARTY POOPERS

对于一所学校，尤其是一所想积极改变自身的学校来说，没有什么比拥有一位消极的教师领导者更具有破坏性。有能力抵制学校实施良好想法的人对学校的危害极大，更糟糕的是，他们还去说服其他老师共同进行抵制。这些人通常拥有很好的人际交往技能，而且正因如此，他们的影响力也比较强。然而你必须削弱这些老师的消极影响，否则今后很多新项目或新想法将难以实施。在多次成功地减弱他们的消极影响之后，你就不会觉得与他们相处是件多么令人难以忍受的事了。

要想削弱消极老师的影响而又不失去其他老师的信任，是一项艰难的挑战。保持校长与消极教师领导者的良好关系也很重要，消极领导者可能会令那些紧紧团结在他周围的老师和校长之间的关系恶化。学校要想保持积极、前进的步伐，关键是让积极能干的老师带动良好的势头，为学校和全体老师引导正确的方向，减弱消极、叛逆老师的影响，别让拥护他们的老师"拖住后腿"亦是非常重要的一个环节。

消极教师领导者或许是妨碍学校进步的最大因素。课堂教学能力有限、与学生家长沟通不畅的老师让校长沮丧不安，对学校影响不良。虽然这些老师的行为令人难以忍受，但是他们的影响会涉及自己所教的学生、接触的家长和社区，因此改变老师的行为非常重要。然而假若校长真心想让整个学校有所进步，最能对此产生破坏作用和有害影响的是学校里的消极教师领导者。

本章重点讲述非正式教师领导者。非正式领导者是指那些在全体教师会议上发表"举足轻重"的言论，或者在老师休息室散播各种言论的人。比如，如果一位难缠的老师发表观点说："我们不应该阻止行程安排，我表妹的学校有人阻止了活动计划，结果现在出现了严重的纪律问题。"其他人会赞同地点点头，效仿这位消极老师的做法。

抵制变化的老师不利于学校的进步。消极的教师领导者不仅拒绝改变，而且号召其他老师一起抵制改变，这会对学校产生灾难性后果。最为关键的是校长必须降低消极教师对领导其他老师的影响。如果能把这种影响控制在一定范围内，学校大踏步向前发展便指日可待。

辨别出哪些是消极领导者并不是容易的事。有些消极领导者喜欢在大庭广众之下发言，在教师会议上第一个表达自己的看法，或者到校长办公室表示他们对某一新项目或新概念甚为担忧。而有些消极领导者在公众面前态度相对中立，甚至表现得相当积极。然而一旦时机成熟，这些看似积极的破坏性领导者会很快做出消极举动。另外，消极领导者会在现实生活中扮演不同的角色，风格也不尽相同。

爱拍马屁的阴险之徒

通常，校长上任之初，会有几个老师欣然上前，表示要全力支持校长的工作。刚开始，他们看起来仅仅是喜欢奉承而已，他们努力维护并加强自己在其他老师心目中的地位和影响力。这些人还企图了解学校内部消息，并借此作为增强自身影响力的资本。

消极领导者们从不公然与校长作对或与其唱反调。相反，他们看起来总是积极维护校长、支持校长。削弱消极教师领导者的影响力，第一步便是对以上这些行为有所觉察。

"街头公告员"

对于可能要实施的任何进步性改变，"街头公告员"会在公众面前大发议论，并顽强负隅抵抗，希望引起所有人关注，这通常是他们吸引别人注意力的一种方法。在教师会议和委员会会议上，此类人喜欢扮演"法官"的角色，比较容易辨认。通常，他们认为自己被剥夺了某项权利，公开批评能让他们找回"受重视"的感觉。比较困难的是判断出究竟有多少人支持这些"街头公告员"，这一点很重要，因为有时候只有极少数人，甚至没有人支持这些"街头公告员"。公告员们虽然"呼声甚高"，但却不受待见。应对"街头公告员"往往耗费大量的精力，校长不得不去驳斥他们提出的问题和辩论。公告员经常提起那些陈年话题，说起几年前发生的事情，甚至上一位领导在任时发生的事件。或许，这能令公告员们回忆起自己当年的辉煌时期，那时老师们是何等的尊敬他们。或许大家都认为某件事情处理的不公平，而"街头公告员"则认为由自己把持公平的指挥棒最为合适。

固步自封者和恶意破坏者

菲利普博士把人们在学校改革中扮演的角色划分为五类：创始人、开路先锋、适应者、固步自封者和恶意破坏者。固步自封者抵制改变，没有足够的自信对现在的行为加以改变，而且可以肯定的是，这些老师的教学计划非常细致，是复合型、分层次的。

固步自封的老师并不是消极领导者，事实上，他们根本无领导能力可言。这些老师居心不坏，他们只是缺乏信心和冒险精神。固步自封的老师平时爱与粗鲁放肆的恶意破坏者为伍，破坏者很可能教学能力较高，也可能曾身为学校的积极领导者，然而在某一刻，他们决定尽一切手段阻止学校的进步。他们总是与学校唱反调，是消极老师中最直言不讳、最爱与人争执的人。校长跟破坏者们讲道理、列事实，试图以此改变他们的观点，但从未奏效。虽然如此，如果能说服破坏者改变主意，他们的人际交往能力也会让大家受益。反对校长为使学校进步付出的努力，破坏者能够给出合乎情理的理由，但需要注意的是，他们对任何变动都会百般阻挠，因为对他们来说，苦恼是性格使然，不因所处的环境而改变。

学校老师中还有很多其他类型的破坏性领导者，但是不管他们风格如何迥异，校长在削弱他们影响力时所起的作用总有相似之处。

消极老师领导者的教学表现通常不尽如人意。希望他们提高教学表现固然重要，然而同样重要的是，要减弱他们在学校非正式场合的影响力。减弱影响力最关键的是打击消极领导者的领导力，如果能降低他们受支持的程度，他们的不舒服程度上升，你就能积极影响他们的课堂表现了。

无论你多么希望消极领导者的课堂表现有所进步，你首先要尽快降低他们的破坏性影响，否则有利于学校进步的措施和项目实施起来将举步维艰。重要的是，校长切莫让那几个，或者仅有的一个消极领导者妨碍整个学校的进步。

掌握动态变化，应对消极领导者

要了解消极领导者，有几个概念比较关键，这些概念是关于消极领导者和同事的关系动态的。动态还涉及消极领导者对追随者产生的影响以及对校长的影响，理解这些动态对削弱消极领导者的影响力至关重要。

在应对消极领导者时，你的本能反应往往不是最好的解决方法。校长失去威信最快的方式是卷入与老师的争吵或者权力之争，尤其是争吵的对象是消极领导教师时更为如此。与老师们争吵可能会极大地增强他们的力量，校长千万不要因此而失去对方的尊重。消极领导者通常十分重视别人对自己的关注，校长与消极领导者的权力争斗，尤其是在公众场合，恰恰投其所好。我不确定这样能否增强消极领导者的力量，但我敢肯定的是这必会降低校长的威信。在这种情况下，一定要始终保持专业的态度和平和的心态。消极领导者选择在公众场合发言时，往往能够感受到其他人对自己的支持，不过我们总有一种方式能更加有效地摧毁他们的消极影响。记住，校长不必证明给别人看谁才是真正的主导者，因为这是众所周知的。校长从来不需要赢取某场争辩，因此不要陷入与难缠老师的争吵，尤其是在公众场合。

要知道很多消极领导者本能地反对任何新观点。在公开场合反对新观点的老师，尤其以往曾经强烈提出反对意见的人，如果改变自己的观点，就等于在大众面前承认错误，这是很尴尬的事情。有鉴于此，校长可以为这些老师提供挽回面子的方法。如果无法留住面子，贸然改变自己的立场就存在太多风险。如过你能免去他们的后顾之忧，他们也许会有所改变。

明白追随者与领导者的相互依存关系非常重要，你对消极领导者的第一反应或许是"接管"他们的位置。你很清楚谁是非正式领导者，你的反应是"步其后尘"，追随妨碍学校进步的那个人。不过在这样做之前，需要明白消极领导者往往是性格坚强的人，至于原因，可能是他们本性固执，也可能是因为他们一无所有输得起。无论什么原因，重要的是牢记一点，没有追随者，便没有领导者。不论是消极追随者还是积极追随者，相比领导者来说，他们信心不足，且更容易受外界因素的影响，对于消极教师领导者及其追随者来说尤为如此。很多情况下，追随者们跟从的原因与消极领导者所肩负的"伟大事业"毫无关系，他们只是想融入某个团体而已。追随者缺乏勇气，不敢对强势者说不。追随者还可能已经与消极领导者发展了友谊之情，并萌生出忠于朋友的情愫。如果作为校长，理解了这些感情纽带，也就不难理解为何"晓之以理"的方式并不能打动追随者，阻止他们继续跟从消极领导者了。

一直与性格坚强但是态度消极的同事交往的弱势老师，可能只是习惯性地跟随消极领导者。这种跟从关系或许源于两人的教室仅一墙之隔，或许因为两人开会的时间段碰巧相同，也可能因为追随者和领导者教同一个年级或者住在同一栋公寓而已。

菲利普博士对固步自封者和恶意破坏者做了描述，一般说来，固步自封者害怕改变，当面临改变感到不舒服时，他们会与反对改变且呼声最高的破坏者结盟，即便他们并不同意其反对的理由，也并不对其十分敬重。

了解弱势老师群体有助于减弱消极领导者的影响力。有些老师跟随消极领导者仅仅是为了有人可依，尽可能多地为消极追随者们创造机会和场景，让他们多与积极老师接触，就能在很大程度上限制消极领导者的影响。

各个击破

减少追随消极领导者的老师数量，是削弱其影响力的最为安全、最为有效的方式。与其冒着有所牺牲的危险与消极领导者正面交战，不如通过减少支持者数量来降低他们的影响。支持者数量蕴涵了感情成分在里面，降低支持者数量可能会带来与消极领导者富有成效的、直接合作的机会。

我们想当然地认为，经常泡在一起的两个人彼此尊重并欣赏对方。多数情况下诚然如此，然而对于一群难缠的老师，却并无相互尊重和朋友情谊可言。虽然他们交往不断，但是记住，这些人总的来说并无多少可爱的优点。就像校长不在场时难缠老师们的"早班怨妇俱乐部"肆无忌惮地讨论校长一样，当他们圈子里某个同事不在场时，他们同样对其品头论足。他们之间不是朋友，更像是一个"失败者互助小组"。

我们可以把对待紧密团结的消极老师团体和对待学生的策略做一比较。有三个学生是非常要好的朋友，同时因为行为不礼貌被叫到校长办公室。如果你让三个学生坐在一起等你到来，然后同时对三个学生进行批评教育，那么他们面对你时会感觉信心倍增，胆量十足。相反，如果你让三个学生在不同的办公室等待接受批评，并逐一进行教育，他们会更加顺从，放肆的性情收敛许多。对待一群难缠的老师亦是同理，争取每次应对一位老师，越让他们感觉孤独越好。

俗话说，"人以类聚，物以群分"。能力强的人寻求与其他优秀者合作、为伍，消极者亦然。难缠的老师通常与其他难缠的人交往最为密切，他们对待学生、工作，甚至他们自己均不十分在意，但是他们能从同伴那里获得慰藉。

在很多学校，消极老师喜欢在同一张餐桌上进餐或者一起喝咖啡，正如之前我们所说，在教师会议上他们喜欢扎堆而坐。如果能破坏消极老师的"怨妇俱乐部"组织，便从根本上打击了他们的影响力，毕竟独木不成林，一个爱抱怨的人是成不了大气候的。

下面是一个假想的案例。某学校有一群不太积极的老师，每天早上聚在一起喝咖啡。这群老师中有一两个领导人物，另外几人性格柔弱，是追随者。某天，校长让其中一位性格柔弱的追随者——一位社会科学老师，到另一所学校开会。当他们到达那所学校的时候，看到有位社会科学老师正在停车场给学生上课。学生们围在一艘捆绑成的小船面前，小船名为"尼娜号"，是仿造的克里斯托弗·哥伦比亚当年乘坐的小船，比例和真实版一样，很袖珍。

你能想象的到，这是个多么精彩的创意。不管学生能否记住船上有多少船员，或者出航了多久，他们却永远记得那是一艘很小的船，而且载着很多人航行了许久，这节课的目的正在于此。假设你的社科老师正准备下一单元讲授"探索美国"的话题，你可以趁机建议她效仿这位老师的做法。即使她不情愿，你依然兴致勃勃自告奋勇帮她捆绑好小船。如果社科老师性格不强势，而且你们单独去开会，那么她很可能会默许你的建议——尤其是你会帮忙做所有的工作。

星期一的早上，当社科老师拖着不情愿的步子，带领学生到停车场为"尼娜号"起航时，发现当地的电视台已经拉开架势准备拍摄她的教学活动，当地报纸的摄影记者也已到场，想象社科老师该有多么惊讶！学生报纸的工作人员和校长也在不停地拍照。当地报纸和学生报纸都把照片放到了头版，当地的电台新闻讲述了这堂课，当周的《周五聚焦》把它列在了头条，社科老师感受到了自己教学生涯中最自豪的时刻。讽刺的是，早上的咖啡小组不再乐意邀她共坐了。一旦她为了学生积极努力，她就不再受消极老师们的欢迎。听起来有些伤感，不过别担心，我们的积极老师已经张开双臂欢迎社科老师了。社科老师现在自信十足，不希望回到咖啡俱乐部了。老师一小步，便是孩子和学校的一大步。

我还通过另一个事例，学习到抑制消极老师发展的重要性。我们学校有一位消极老师，每次开会，他的参会时间便是第一件让人头疼的大事，因为他总是到会很晚。我做了个聪明举动，把他第二年的教学准备时间调到较晚一些。重新设置并公布时间后，大家再也不用为此事苦恼了。

第二年，这位老师的学生早上 8:00 上课，他自己很不幸，7:30 就要到校。说他不幸，是因为他在消极老师中担任了领导职务。去年我让几位消极老师脱离出"怨妇小组"之后，给他们加入一位新成员。我不但改变了难缠老师的时间表，而且让这位老师加入小组，担任了小组领导职务。待他吸取教训后，下一年我把他调到了更早的时间段。

本来，我可以每次在停车场等待这位难缠的老师出现，并记录下他迟到的时间，但是我不欣赏这种领导方式，因此后来我选择接受他迟到的事实，并利用它为学校做贡献。

放学前的躁动也同样是个棘手问题。周五下午，老师们着急回家，某些消极老师箭一般走出校门。或许你的本能反应是阻止他们，但是我要说的是，"放他们走。"你认为阻止他们更好吗？让他们待在学校情况只会更糟，糟到你甚至想拉开车门送他们离开。这只是气话而已，不过你必须意识到选对努力方向的重要性。

假若消极老师的行为影响到积极老师，你就必须采取行动了。你要清楚，政策、规则对消极老师的约束作用不大，他们极有可能不遵守。一条规则，称职的老师会因为有人侥幸逃脱而不满。有时候，最好的解决方法不是追查逃脱者，而是改变政策，尤其是毫无意义的政策。

我们学校规定，放学三十分钟后老师才可以离开。然而有些不太称职的老师会提前离开，尤其是星期五那天。我根本不为此事担忧，因为比起遵守规则，我更关心老师的教学能力和教学表现。假如这件事影响了积极老师，那我就必须着手处理。当意识到这件事确实给优秀老师造成了不良影响时，我对此高度重视。在《周五聚焦》的最后，我写上一句，"3:05 后尽管离校。顺祝周末愉快！"此举产生的后果简直不可思议！没有任何一位老师在 3:05 之前离开学校。这样做的好处有两点。第一，老师们可以光明正大地提前离校了，再不必偷偷溜走。第二，也是更重要的一点，优秀老师不用再为此事苦恼，因为其他人没有违背规则。另外，老师们可以切实享受灵活掌握时间的好处，尽早开始周末生活，虽然事实上他们很少这样做。有时候，击破消极老师团体比你想象的要容易的多。无论哪天消极老师的身影早早从学校消失，对学校来说都不是坏事。

在缩小消极老师团体规模的同时，要注意团体的情感变化。关于这一点，我会在第七部分做详细解释。在此谨提醒你，在改变难缠的老师行为或解散整个消极小组时，要认识到让难缠的老师感觉孤单的重要性。重申一下，此处是特指那些最强势、最具叛逆性、消极老师中最核心的人物。应对难缠的老师要逐个对待，正是为了让他们产生孤独感。他们越感到孤单，就越不舒服，也就越不可能反对变革。此外，每次不要应对多于一位难缠的老师，以防止他们之间滋生情感慰藉。如果你策划一份更加正式的撤销消极老师团体的计划，就更要注意。

利用同情心的力量

要想真正减弱消极教师领导者的影响力，最简单的办法是揭露出大家对消极领导者应该怀有的真实情感。要做到这一点并不容易。如果你们学校有消极教师领导者，你会纳闷为何大家唯这位消极领导者马首是瞻。那么我告诉你，这位消极领导者很可能拥有同情心的力量。

如果一个人愤世嫉俗、尖酸刻薄、态度消极，大家与他接触的感受肯定是愤怒、受伤或者感觉被冒犯了。然而我们是充满爱心的善良人，应该对他怀有同情心，可怜他。对这种人，你肯定不想长时间与之共处，因为与他们交往的经历并不愉快。其实不仅你这么认为，其他人也有同感。如果你连五分钟都不愿与这些人待在一起，想想他们自己会有何感受吧。他们要二十四小时与自己在一起，难怪会变得愤世嫉俗、尖酸刻薄、态度消极了！

关键的是，你要为其他老师提供机会，让他们意识到应该对这些不开心的人心怀同情。帮助学校每个人认识到这一点，就是削弱消极老师领导力的法宝。如果能够成功让全学校的老师同情、可怜难缠的老师，就能大大动摇难缠的老师的领导力。毕竟，没有人愿意服从一个可怜之人。

下面我想跟大家分享一段自己的经历，是关于我见过的最消极的教师领导者，我们可以称他为克劳福德先生。克劳福德先生既是一位公开的消极领导者，又是一位隐蔽的消极领导者。每当我与老师们商议开展新项目时，他就插话说："行不通的！原来行不通，现在也一样！"令我沮丧的不是他的发言，而是其他老师的反应。他用低沉的声音大叫："行不通的！"这种消极的气氛便快速在老师们中间蔓延开去，甚至会波及一些积极老师，简直令人难以置信！每遇到这种情况，我都很诧异，而且百思不得其解，这种影响力究竟来自何处？

克劳福德先生的隐性影响力不易被人察觉，但至少能量是相当大的，我是在经历多次事件之后才认识到这一点。有一天，我和几位老师坐着闲聊，没有刻意谈论学校的事情。很偶然的，其中一位老师提到是否可以把旧仓库改为电脑写作室，那个仓库里堆满了十数年来都未动过的旧物品。我说我很乐意去问问维修主任关于改造的建议。另外两个老师兴奋地说，他们刚获悉一个资金审批项目，可以支持创新的科技项目，他们甚至说很乐意亲自为学校写资金申请。我们几人中的积极分子大受启发，集思广益各种观点和可能带来的好处。短短的时间里，大家投入了很多的精力。我告诉他们，我第二天就去调查改造的事情。

第二天一早，其中一个最有创新精神、最有活力、最为积极的老师，在课前准备时间来到我办公室，耷拉着肩膀，表现出一副绝望的表情。她说："别再想着问维修主任改造的事了，我们不能改造的。"

我问其原因，她说："我们今天早上在讨论此事，有人说以前曾问过维修主任改造的事，他表示没有兴趣。"我进一步询问究竟是谁，在何时问过他，她透漏克劳福德先生说有人以前问过，得到的答案是'不行'"。

那天我去问了克劳福德先生，"据说你了解一些关于旧仓库的信息，能不能告诉我以前试图改造的情况？"

克劳福德先生吞吞吐吐，最终，我成功从他口中得知，他记得二十多年前，曾有人在什么地方问某人可不可能把仓库区用作其他用途，他记得当时某人委婉地拒绝了这个要求。

他这种处事方式本在意料之中，我并不失望，令我恼怒的是他在如许多老师中的巨大影响力。他甚至对积极老师都有影响，这就更让人难以接受了。为了让学校保存积极的力量，我明白必须降低他对其他老师的影响。

此处我想和大家再多分享一点克劳福德先生的情况。如果你问克劳福德先生："你还好吧？"他会态度傲慢、粗鲁地回答说："糟透了，简直糟糕透了。"他最喜欢谈论的话题有两个，棒球和天气，但是这两者在他看来总是很差劲。他总抱怨两个棒球队，虽然那两个都是一流棒球队。

下面是一个克劳福德先生利用自己最喜欢的话题之一——天气，来影响他人的例子。八月里开学前的一天，克劳福德先生和我们学校的两位冬季体育教练在聊天。克劳福德先生告诉他们："今年的篮球季节最好小心点，因为我读《农民年鉴》时得知今年一月份雪很多。"

后来两位教练跟我聊天时解释说："我们得准备重新安排这个篮球季的很多活动，因为我们听说今年冬天气候会很恶劣。"这些例子进一步表明克劳福德对整个学校文化的影响。他极大地降低了其他老师有所作为的机会。深思熟虑之后，我想到一个可以尝试的解决办法，我必须努力让积极老师掌控学校氛围。

后来的一次全体教师会议上，我给老师们讲了我的新邻居的故事。新来的邻居是位老先生，跟克劳福德先生极其相似，我分享了下面关于老先生的事情。

我们隔壁搬来一位新邻居。前几天，我想到这位邻居，认为自己很有必要像平时人们常做的那样，对新搬到小镇的人表示友好和欢迎。于是见到新邻居的第一天，我微笑着朝他挥挥手，说："你好吗？"他皱起眉头回答道："不好，我糟糕透了。"我以为他真的发生了什么事，于是走过去问他我能帮他做些什么，他却冷冰冰地说："不用。"

我暗自思忖，这个家伙肯定非常讨厌我。但是我不想就此放弃与他交往，打算和他谈论我最喜欢的话题之一，棒球。因此当我第二天再见到他的时候，我笑着说："圣路易斯红雀队（一个很有名的美国棒球队）真不错！他们可是第一名呢。"他用自己典型的粗暴态度回答："红雀队是最烂的棒球队！"

他的语气和态度都相当不友好，然而我也是个生性倔犟的人，我对自己说，"他肯定是个美联（全称"美国联盟"，是在美国和加拿大境内组成美国职棒大联盟的两个联盟之一）的球迷。"我内心依然希望和他建立友好的关系，于是换一个球队对他说："堪萨斯城皇家队（美国的棒球队）昨晚又赢了。"

再一次，他用典型的冷漠语气杀了个回马枪，"记得我刚说过红雀队吧？我刚才说错了，皇家队比红雀更烂呢。"

有了前几次的教训，我不再提体育的话题。当我再一次见到邻居，是在一个阳光灿烂日子，我把头伸出车窗，愉快地跟他说："天气真好，是吧！"我的友好只得到一句短短的回应："不好，我们需要雨。"

我想再争取一次。几天后，我正要去上班，下起雨来，我快步跑向汽车，这时我看见邻居正在门口向外张望，我笑了笑，说："嘿，你要的雨终于来啦！"他鄙夷地叫道，"不是这种雨！"

接着，我对老师们说："知道吗，刚开始，我以为邻居讨厌我。待我们提过红雀队和皇家队，我想或许是他不喜欢棒球而已。最终我们两次谈到天气的话题后，我才明白他是本性使然。我也才意识到他不喜欢一个人，是谁呢？"

老师们齐声说："他自己，他不喜欢他自己。"

然后我用最轻柔、最同情的语调，跟大家分享自己的最终感受，"跟他在一起，我一次比一次感觉更糟。有一段时间，他对待我的方式让我以为，自己肯定做了什么事情冒犯了他。后来我做出最终决定，不能再让自己受他的影响，不能让他把我的生活变糟糕，不能让他浪费我的生命。"

"我明白了，我不应该生邻居的气，而应该可怜他。虽然他选择用愤怒、辛酸和悲苦浪费自己的生命，但是我不会再让他浪费我的生命。"最后，我用这段话结束了自己的发言。

当然，我不只是在描述我的邻居，我也是在描述克劳福德先生。教室里每个人都在我邻居的身上看到了克劳福德的影子，也意识到他们允许克劳福德影响了自己十数年。我想，那天散会的时候，老师们会走到克劳福德先生旁边，拍拍他的头再离开。老师们不仅会认识到，自己不能再让克劳福德的消极思想影响自己的生活，他们还认识到，克劳福德先生选择多么痛苦地活着。从那以后，克劳福德先生再也不能成为学校的消极领导者了，人们不愿追随一个可怜之人。可怜，这是我们应该对生命中和学校里不开心的人应该怀有的真实情感。

刚开始，或许这种方法并不能改变消极老师的行为，不过比这更重要的是，它能减弱这些人影响其他老师的能力。

客座讲演者

有时候，类似上面"我的邻居"的故事并不方便直接和老师们分享。不过，如果由我们不太熟悉的人或者陌生人来传达就会容易得多，这也正是客座演讲者削弱难缠的老师们的伟大力量之所在。

如果你足够幸运，任教的学区比较富裕，你可能会有财政预算邀请客座演讲者，甚至还可能邀请到全国知名的专家。然而，对很多学校来说，给演讲者的预算通常很少，甚至为零。一个很有效的策略便是让校长们互相到彼此的学校做演讲，与其雇用一个不认识的人来发表言论，不如从另一所学校或学区邀请同行更为有力，他们举的例子会适合你学校的情况。至于报酬，你可以到受邀校长的学校，给他们的老师做演讲。

客座演讲者可以使用更能针对你们学校老师的具体范例。如果一位"局外人"能与大家分享"邻居故事"或其他故事，强调我们应该对难缠的老师怀有的情感，你即使不亲自出场，也能完成对老师们的启发教育。

让局外人和老师们分享看问题的视角益处良多。如果演讲者能帮助老师们看到消极领导者的坏处，你就减弱了他们的消极影响。如果消极领导者攻击说例子有抄袭嫌疑，演讲者可以分享一个亲身经历的例子，比如每次复印机一坏，某个老师就打电话请病假。帮助每个老师认识到消极老师的破坏性，能够消除消极老师对其追随者的影响。

前段时间我应邀去一所学校做演讲，其间有个例子可以和大家分享一下。演讲刚开始，我就注意到有个老师肢体语言非常消极。每次其他老师发言，她就耷拉下眼皮，发出叹息声。有几位老师注意到这个老师的举动，明显感到不自在，不再想开口说话，以免无形中惹她发怒。除此之外，我还注意到这个老师一直在评阅学生试卷，假装对我们的活动不感兴趣。很显然，假装不感兴趣是她给自己安装的心理盔甲，因为她很明白周围发生的一切。当她不同意某件事情时，她会迅速用行动表示出不屑。她对全体老师施加了大量消极、非正式的影响，很明显，积极老师在此情况下是最不舒服的人。

第一次中场休息时，我问校长这位老师的情况。从这位老师的行为我们不难得知结果，校长说：这位老师是全校不屑的对象。校长对此人心存胆怯，学生经常与其发生矛盾，其他老师都被她的专横跋扈震慑住了。我作为客座演讲者，有机会扭转这种不舒服的局面。我想让这个老师不舒服，降低她对全体老师的消极影响。

下面做团队活动时，我问大家："如果你的团队里有一个大家都不喜欢的人，你会怎么办？学生不想分到这个老师的班里，其他任何老师都不想与其合作。假如这个老师的肢体语言和行为很不礼貌，开会时他漫不经心，其他人给出积极建议时，他就叹气，说些刻薄的话。"我一边说一边在教室里来回走动，最后停在这个老师的身后。

请注意，我们在讨论这些的时候，我的态度非常积极。然而，我对这位老师的肢体行为、评阅试卷、叹气以及评论都看在了眼里。作为旁观者，我可以用这种中立的态度处理此事。有意思的是，这位老师收起了评分册，至少是假装对会议感兴趣了。后来与校长接触时他表示，这位老师再也没有将评分册带到会议上。

不能让一个消极老师的嚣张气焰压制积极老师。校长不便直接和老师们谈论此事，但对局外人来说可能更合适，也更有说服力。

第 **15** 章

迫不得已，重新洗牌

SOMETIMES YOU HAVE TO SHUFFLE THE DECK

教室的位置

有时候，老师们之间谁与谁相处时间最多，是由外界因素决定的。通常，能影响非正式关系发展的因素是教室的位置。如果追随者的教室紧挨着消极领导者的教室，或者两个教室相距不远，消极老师则很容易受到鼓舞。在诸如教室位置等动态因素上下些功夫，有助于培养和谐的校园文化，改变教室的位置能对学校动态产生积极的影响。

在我任职过的一所学校有三个老师，他们的教室在走廊最里面。每次课间，他们都迫不及待地聚在一起，为的是抱怨刚才上的课，或者抱怨下面要上的课，如此等等。他们的语气一大早就是消极的，我私下里把他们那块地方称作"牢骚一角"。

我知道现在的教室布局由来已久，三位老师长期以来形成的说话语气已经渗入到与学生的交往中，他们在走廊里对待学生采取对抗式的态度，相当不礼貌。我对这些老师之间的动态关系研究了一番，最终把改变他们行为的唯一希望寄托于改变教室的位置。我知道此三人中必有一人是消极领导者，然而我也明白，如果我只把领导者挪走，其他两人依然会习惯性地继续消极下去。

幸运的是，我们下一年要成立跨学科小组，这个温暖的角落是跨学科小组的理想落脚地。因此再三考虑之后，我们改变了几位老师的教室位置，把那三位爱发牢骚的老师拆分开来。其中的领导者虽然继续牢骚满腹，但是已经被隔绝了，再也影响不到其他人。另外两个老师有了新邻居，而新邻居们不喜欢在走廊里徒劳抱怨。从此以后，他们一直开心地教下去。

重新洗牌时要注意，积极老师才是你最重要的人。不要让他们周围布满消极老师，让他们工作起来痛苦不堪。未经中坚老师或明星老师的允许，我是不会改变他们的位置的。最关键的是，不要因为应对最难缠的老师，就损害积极老师的利益。

集体备课会

消极老师在备课时间和午餐时间的接触，也同样像教室挨的很近一样具有破坏性，密切关注这一点有助于认识消极领导者和追随者之间关系的发展。机会来临时，要充分利用时机，施加积极影响，这将极大改变会议时间和午餐时间的文化及氛围，这种结果甚至能扩散到整个学校的大环境。

高中阶段，大概每年有一次重新安排计划表的机会。然而有些强势的老师会坚持每年多开一次备课会（第五次会议），这样对老师们比较有利，然而对学生和学校却未必。如果学校的备课会已形成惯例，我倒有一个办法让你对备课会重新进行安排。

开会时，问一下有多少老师所教的班级规模不均，即是说，看有没有人这堂课是十四个学生，下一堂课是三十二个学生（你们学校有多少人的课堂就按实际数量计算）。然后问老师，他们当中有多少人认为均匀的班级更有利。可能会有几个人举手同意此看法，接下来，跟大家说你想重新安排计划表，而且很可能会改变备课会的次数。如果有人认为，改变计划表让班级更均匀的做法会有障碍，请务必要告诉你。如果第五次会议对某些积极老师来说极为重要，你就不要改变他们的安排，或者私下里找他们讨论对他们更有利的做法。如果你定期每年改变备课会安排，那就清楚每个人的备课会时间就足够了。

改变备课会的安排，还需要考虑以下问题。把消极老师拆分开，让每个组应对一位消极老师会不会更好？还是把几位不太称职的老师分到一组，其他老师不必与他们共处一室的好？权衡每种做法的潜在影响有助于你做出更加英明的决定。即使在小学，了解这些也十分重要。改变老师们公共时间的机会不一定常有，因为备课时间还可能是由年级决定的。

年级因素

小学的年级动态非常关键，如果某个年级的老师不够上进、不太称职，就能拖住整个学校向前的步伐。更重要的是，他们会减少此年级所有学生的学习机会。考虑各年级老师动态的一个重要原因，是让积极、上进的老师明白，你珍视他们为推动整个年级向前所付出的努力。如果你打算让一个消极老师加入积极老师的队伍，在做出最终决定并公之于众之前，一定要确认优秀老师支持你的决策。积极老师及其精神士气极其重要，绝不可轻易丢弃。

就像对待消极老师团体要各个击破一样，同样地，我们需要考虑老师们一起吃饭和午休的时间。当然，校长不可能，或许也不想，控制所有的安排，一心只想着难缠的老师。你只需牢记，备课会的安排所创造的动态，是重新划分某些难缠的老师影响力的重要因素。

错过的不止一点点

之前我们曾经讲过，抑制消极老师的权力至关重要。比如前面老师自愿参加暑期培训班的例子，很多老师差点把权力移交给那些不曾去参加培训的老师。当消极老师有权选择不去参加某些会议和活动时，校长恰恰可以利用这种机会，在他们不在场时削弱他们的影响力。

所有老师都可选择性参加的非强制性会议为削弱消极影响力提供了绝好时机。这种方法的好处在于，凡有兴趣的人都能参加，否则敬请回避。如果消极老师决定不参加，不仅会议能开得更好，而且你可以在之后的会议上减弱他们抵制开会的心理。再次开会时，你们讨论在非强制性会议上制定的决策，要注意缺席非强制性会议的难缠老师的反应。他们试图反对新提议时，你尽管说："嗯，我们上周在备课会上做的决定。哦，你选择不参加的。"注意不要使用讽刺的语调。用中立的态度表示同情，这会挫败他们就此决定进行争辩的勇气。再次提醒一下，你要记住对待别人时，要默认他们想做对的事情。你并且说，希望在下次的备课会上见到他们。其他同事自愿去做的事情，绝不能允许消极老师偷懒。

自愿参加的开放式讨论会和备课会能够极大地削弱消极老师的影响力。校长顾问委员会或者领导小组是给积极老师授权的好方式，每位老师都能加入，积极老师很可能会参加。既然每个人都能参加，不参加就等于自动放弃权利。这种自愿参加的组织方式开放且富有成效，能够把权力移交给学校最敬业、最有奉献精神的老师。

第六部分

新老师的作用

THE ROLE OF NEW FACULTY

第 16 章

如何培养新生力量

WHAT ABOUT THE NEW KIDS

新来的老师可以成为提高学校水平的强有力的手段，在学校发展过程中起着关键性的作用。校长有必要给新来的老师以指导和建议，确保新老师最大程度地给学校以积极影响，而且永远不为消极老师所影响。

事实上，改善学校的方法只有两种。一种是提高你所拥有的教师队伍的水平，一种是聘用更好的老师。假设你有机会聘用一个新老师，请务必要充分利用时机。毕竟，聘用一个好老师比炒掉一个不称职的老师要容易得多。

校长聘用新老师时，更关注的应该是整个学校是否向新老师靠拢，而非新老师是否向学校靠拢。如果没有任何措施来保证这一点，那么新老师的发展就只有听天由命了。新老师们太重要了，不能只是在思想上希望他们积极、有为。（没有学校提供在教师休息室发牢骚的课程吧？然而一些新老师过了"感恩节"，抱怨能力却被磨练得更强了。）更深层的挑战远不止防止新老师变得消极那么简单，而是在最短的时间内把新老师培养成积极领导者和优秀老师。虽然新老师不一定能够很快地承担起领导者角色，但是校长能做很多事情，来大大提高这种几率。

首先，要确保新老师成为积极老师队伍中的一员。先研究一番学校里的非正式社交组织，再决定如何让新老师适应积极老师团体。把新老师的教室分配到靠近积极老师教室的位置，能为新老师和积极老师建立联系奠定基础。同样地，相同的开会时间、教授相同的年级或者同样的部门任务，都能决定他们是否会影响别人或者受他人影响。你还要对教师会议动态胸中有数，知道新老师在会上坐在哪个位置。

如果新老师在学校感觉无所适从，哪个团体总会张开双臂欢迎他们呢？消极老师总是欢迎多一个人加入。校长要做的不是希望新老师在会议上拒绝加入消极老师团体，而是提前把新聘用的老师和积极老师联系起来，尤其是当新老师和积极老师为同性，或者在同一个部门、教授同样的年级等等有任何类似之处时，这种关联就尤为重要。比如，校长可以问一个明星老师："你还是新老师那会儿，第一次参加全体教师会议，有没有过尴尬或者可笑的经历？我想起自己第一年当老师，简直太尴尬了。你是不是觉得玛丽（新老师）可能会有同样的感受？你有什么想法，我们或许能帮帮她？"一般说来，明星老师会主动提出让新老师和自己坐在一起。这种做法能让新老师很快地适应学校，并开始产生积极影响。

很多学校会给新老师配一个指导老师，让新老师和经验丰富的老师结对子。如果新老师能和明星老师结成对子，效果会非常不错。有时由于年级不同、学科不同等条件限制，新老师很难与明星老师建立联系，安排指导老师正好可以解决这一问题。虽然这些积极活动只给新老师提供了一定的帮助，但是新老师却会从中获益无穷。

校长还可以为新老师设立一个情况说明会。在新学年开始之前，就着手准备信息，并且整个学年不断强化项目目标。举个切身的例子。有一年，我们学校来了八位新老师，作为校长，我非常有必要让新老师为我们正创建的学校氛围增添活力，甚至引领新的校园文化。我们没有坐等新老师主动和积极老师们建立联系，而是为新老师设立了一个说明会项目。说明会历时十二周，时间是每隔一周的星期二早上，上课之前的一个小时，我会在这一小时里与新老师见面。通过说明会，新老师不仅与我建立了良好的关系，他们彼此之间也建立了良好的情谊，寻求彼此的支持。他们相互鼓舞，相互分享彼此的工作热情。我们还通过说明会，介绍积极老师和新老师认识，并得到了大家的一致支持。新老师与学校老师增进关系的同时，与积极老师建立了更加亲密的联系。

说明会上所讲的内容涵盖了学校教育的很多领域。说明会历时十二周，比起传统的仅为一天的学校介绍要轻松很多。说明会上，两个最积极的老师和模范老师为新老师讲解了课堂管理，学校最活跃的顾问负责咨询课程，学校最优秀的特殊教育老师们解说特殊教育项目。六期说明会的宗旨都是为了让新老师适应学校，了解学校项目；或许更重要的，是能够让学校的积极活跃教育者团体不断招贤纳士。

　　如果新老师初到一个拥有大量消极老师的学校，更为艰巨的挑战是协助培养新老师的积极领导能力。和新老师一起改善学校文化是更为复杂的工作，甚至比仅仅确保新老师和积极老师建立良好关系更为关键。

第 **17** 章

新老师的领导能力

NEW TEACHER LEADERSHIP

我认为，为新老师作学校介绍和培训绝不能始于他们受聘后的第一次会议，这个过程必须从面试开始。想要聘用有能力担当学校领导者的新老师，在选人时就需要选择有领导能力的人。一旦定下人选，就必须为他们提供机会，提升他们的自信，并在他们施展领导才能时给予支持。

假如我要聘用一位新老师，而新老师的教室紧邻一位消极教师领导者的教室，那么在第一次面试时，我就要对新老师如何应对这种情况一探究竟。我会问候选者这样的问题："如果你隔壁班的老师会对你施加压力，让你竭尽全力做个最不称职的老师，你会怎么办？"或者我会问候选老师现实中可能出现的其他问题。我在考虑聘用这位老师之前就想知道他的处理方法，因为我需要有自信的人。我需要的老师知道怎么做才是对的，不会受经验丰富的其他老师的影响。这同时也为我提供了机会，给面临挑战的新老师设定期望值。

要聘用和培养教师领导者，另一个类似的发问策略同样有效。你想聘用领导能力很强的老师，然后为之提供机会和制度，让其最大限度发挥领导才能。联系应聘老师的推荐人时，向他们打探应聘人的领导才能，在与推荐人的交流中判断应聘者是领导者还是跟随者。问问推荐人，如果应聘者的教室紧邻一位消极老师，这位消极老师会给新老师施加压力，让他们少干活，早早离开工作岗位，候选人在这种情况下会采取什么行动？推荐人极有可能有过和消极老师共事的经历，会对应聘候选人如何应对这种局面提出宝贵的建议。

在面试过程中，向未来的老师清楚地说明你的需求。说清楚，你需要候选者带领学校改善风气、文化或者对学校进步具有重要作用的其他项目。面试时，问他们能否做到这样，问他们处于领导者地位会碰到的问题。在聘用老师之前确定他们的能力，好于怀揣应聘者拥有领导能力的奢望来聘用他们。

校长授权新老师担任非正式领导者的角色同样非常重要。我对考虑聘用的所有新老师分享说："我们这里的老师不分等级一律平等，我希望聘用的每位老师尽快适应学校，与大家分享自己的观点，我需要你们的新鲜观点和看法。我聘用新人的目的，就是为了让学校向新人学习。"这条信息非常重要，我会在聘用新老师后的第一次会议上再次强调一遍，我希望这个期望能为新老师鼓舞士气、增强信心。老师们相当重视这次讲话，之后曾多次跟我说，这次讲话很快增强了他们对于学校和教师团体的归属感。

公开招聘的教学岗位是校长最珍贵之物。为学生聘用一位优秀老师至关重要，聘用积极教师领导者或明星老师或许是学校进步过程中最重要的因素。如果学校走了一位消极老师，来了一位积极老师，学校会取得直接和巨大的进步。学校不仅成了更适合学生学习的地方，对学校其他人来说也变成了更积极向上的地方。

第七部分

清除难缠的老师

ELIMINATING DIFFICULT TEACHERS

第 **18** 章

从何处入手

WHERE DO I START

　　难缠老师的离开是一件好事，即使只有一位难缠的老师离开了学校，学校的整个机制都会得到很大的改变。对于老师来说，他们终于有机会和一位能引以为豪的新同事一起工作了；对于校长来说，他身上的压力得到了极大的减轻；对于学校行政人员来说，他们可以得到本该有的尊重，而且行政办公室对校长的敬重也会如日中天。最重要的是，这个学校的学生现在有了一位称职的老师，而这是他们应得的。

　　改变难缠的老师的行为并不简单，有时候必须走到解雇他们这一步，但有时候也可以通过其他方式达到目的。对校长来说，其他的方式往往比解雇的做法更少地耗费精力和时间。如果可以有其他的替代措施，比如说给难缠的老师解释的机会、让他们进行补救、正当的听证程序等，那么都应该让他们去尝试。然而，如果这些都不管用的话，那么解雇就是必不可少的了。此时，校长必须放手去做，为整个学校和学生的利益着想。在你这样做之前，必须考虑到与解雇难缠的老师有关的各种因素。

着眼于最终目的

在解雇难缠的老师时，一个很重要的问题是要始终把真正的目的牢记于心。在多数情况下，难缠的老师是会选择停止不恰当行为的，这个结果你通常都可以达到，只有少数情况下，如果某位老师实在不去停止自己的行为，那么你就必须采取将其解雇的措施。牢记这个目标，才能让你在处理此事时游刃有余。

牢记目标的一个好处是它可以让你去监控老师的行为。如果一位老师选择了改变自己的行为，选择了以积极的态度行事，那么你就已经达到了你的目的。若是你忘记了自己的最终目的，你就会在老师已经改变其不恰当行为之后还纠缠于此事，从而浪费不必要的精力和时间，这无异于把有限的资源投入在一场已经打赢了的战争上。

专注最终目的能让你避免不必要的努力。换句话说，如果你想消除的是不恰当的行为，那么当难缠的老师改变其行为后，你就没必要再解雇难缠的老师。我曾经见过一些校长，他们对一些老师的行为非常恼怒，以至于他们唯一想做的事情就是将此类老师解雇掉。甚至有的情况下，当难缠的老师意识到校长的态度之后提出辞职，而校长却假意说服他们留下来，目的仅仅是为了自己能过几天之后主动地将其解雇。这样太过于感情用事了，这样的校长没有着眼于消除不恰当行为的最终目的，而把报复作为了最终目的。在将最终目的牢记于心后，如何正确地达到最终目的，就需要考虑到具体步骤了。如果必须要走到解雇某位老师这一步的话，那么一个更难决定的问题是：学校里往往有好几个难缠的老师，到底从谁入手？

确定解雇对象的艺术

对于校长来说，在处理难缠的老师的事情时一个关键之处在于从何处入手，尤其是当他接管的学校里有好几个难缠的老师时。先前，我们讨论过一个问题，如果容忍问题员工的行为的话，自己也就成为了一个问题领导。然而，在考虑解雇哪位老师的时候，却必须考虑到很多因素，不能将每位难缠的老师都直接予以解雇，而应从最应该被解雇的那一位老师入手。那么，哪位老师应该首当其冲呢？在这个问题上我们考虑的因素主要有以下几个方面：难缠的老师对别人评价的在乎程度、同事对他的支持程度、哪位难缠的老师最容易妥协，等等。也许，有人会觉得，很明显应该从最差的老师开始。听起来这个建议不错，但实际上，除了老师本身的好坏程度以外，还有很多因素需要考虑。

在之前关于如何让难缠的老师心里不舒服的章节中，我谈到了善用同事的概念。在对待难缠的老师时，首先想想他们是否在乎同事怎么看待他们。如果答案是肯定的，与其直接将其解雇，不如利用同事的看法来给他造成心理压力，从而迫使其改变不恰当行为。我相信，只要一位老师在意同事对他的评价，哪怕只是有一点在意，那么对于校长来说，肯定可以找到一种比直接解雇他更省力的方式来解决问题。

此外，在决定解雇哪位老师前，应确定哪位老师在同事中的支持率最低。首先，如果你解雇的是一位在同事中不受欢迎的老师，那么员工中就不会有不安和反感。但如果你解雇的是在同事中威望较高的老师，即使他有很多不恰当的行为，同事还是会对你解雇该老师的行为颇有异议，这种异议不仅体现在解雇的过程之中，也体现在解雇之后的日子里。其次，如果一位老师在同事中的支持率很低，那么你解雇他时他一般不会有很多抗拒。他越是感觉孤单，你解雇他时所遇到的阻力就会越小。

如果能够成功地做到解雇某一位老师时面对最少的阻力，就能快速地将该老师解雇，而且能对其他难缠的老师起足够的威慑作用。别的难缠的老师会想，你这么容易就可以将一位难缠的老师解雇，下一个会不会轮到我呢？这样就会促使他们及时改变自己的不恰当行为，你便可以不用再去处理他们的问题了。这样的方式可以让其他难缠的老师非常不舒服，从而主动改变自己的行为。这种方式适用于一个学校里有几个老师理应被解雇的情形，作为校长，你应该考虑如何以最少的精力达到最好的效果，而不是靠随意解雇有问题的老师来证明你的胆量和勇气，解雇这种最终手段只能应用到那些确实需要被解雇的老师身上。

举个例子来说，现在有一个校长，他到学校刚刚上任便碰到一个难缠的老师。学校教职工对前一任校长的评价是缺乏领导力，而通常来说，如果大家普遍认为存在权力缺位，那么很多人就会自己试着去建立某些权利来弥补领导职位上的权力空缺。在这个学校里，大家都认为前任校长缺乏领导力，因此那些比较强势的人员事实上就会获得很大的权力，尽管这种权力没有正当的名义。而且，这些强势老师往往就会演变成为难缠的老师，因为没有谁去约束其言行。新官上任之初，这位新校长就必须面对这种由于前任校长的软弱无力导致的混乱局面。在这种情况下，前任校长的领导力缺乏无疑是难缠的老师产生的根源，这不仅表现在老师的录用过程中，也表现在录用之后对难缠的老师不恰当行为的容忍，甚至很多时候是纵容。

这位新校长面临着严峻的挑战，在一个存在很多自我标榜权利的老师的学校里，他必须重塑积极和谐的校园文化。他采取的解决方式是：在新学年开始之前，首先在暑假对所有老师进行一个非正式的访谈，这是一个非常有益的举措。这些访谈应该是轻松的，同时又不失目的性。在访谈中，这位校长发现，所有的老师都对一位行政秘书非常不满。该秘书是在去年被雇用的，几乎对所有的老师都有过侮辱的言行。听到各位老师的话，这位校长深有同感，因为他自己也在刚来的这一个月之中几次被该秘书弄得很难堪。更令这位校长关心的问题是，在新学期伊始家长和学生来注册的时候，该秘书的态度也是极为不礼貌的。在与所有老师的访谈结束后，这位校长向该秘书提出了一些改正意见。但该秘书并不在意，仍然我行我素，最终，该秘书被解雇了。当新学年开始的时候，所有老师都发现，一位新的秘书被聘用到学校了。

这使得那些好老师非常有成就感，因为他们感觉自己的意见得到了重视。更重要的是，很多难缠的老师此时都会迅速改变自己的不恰当行为，因为他们忌惮这位新校长快速的决断力，这样就使得很多难缠的老师展现出自己最好的一面。而且，由于被解雇的秘书是大家都讨厌的，因此新校长的这一快速举措并不会招致反感和抵触。

在解雇一位难缠的老师时，关键的挑战正是在于如何减少其他老师对这位被解雇的同事的维护。如果一个好老师能近距离地观察难缠老师的行为，即使只观察一个小时，他也会很快认识到该难缠的老师缺乏为人师表的素质。当认识到这点之后，他对难缠的老师的支持便会消失，校长的决策便不会遇到什么抵制了。

为了让老师们对同事的能力和态度有一个比较明确的认识，可以采取两种方式，一是建立及时的交流体系，二是在全校开展校园公开课的活动。好老师会很期待这样的活动，他们的参与会使他们认识到难缠老师的不恰当行为，这样你在处理某个难缠老师时便不会遭遇来自好老师的阻力。同时，这样的活动也会让难缠的老师非常焦虑，因为这样会使他们的问题得以暴露，他们与被解雇人员的共同性会显现无疑。

第 **19** 章

促使其退休等有效方法

RETIREMENT AND OTHER MIRACLES

促使其退休

当一位难缠的老师到了退休的年龄，对校长来说就犹如发现了一桶金一样，会感觉欣喜异常。然而，你不要高兴得太早，因为很多时候要难缠的老师退休是一件非常困难的事情。作为校长，你必须对难缠老师的退休年龄了如指掌，但同时你也要知道，如果一个人不喜欢他的工作，那么他往往在对待其他事情的时候也很不如意。因此，与其选择退休之后去做其他未知的事情或者无事可做，难缠的老师可能会选择到了退休的年龄之后仍继续工作。难缠的老师在家庭中很可能也是不受欢迎的，他的配偶可能也不愿意这样一个人随时随刻都待在自己身边，因为他身上存在很多不恰当的行为。对难缠的老师来说，他们一般不愿意退休之后一个人过比较清冷的生活，他们知道，退休之后没有人会再雇佣他们，他们自己也无心再去寻找新的兴趣点，因此他们会选择继续在学校工作。

对于一名校长来说，不应让难缠的老师独立决定退休的日期，而应该促使其尽早退休。如果一位老师到了退休的法定年龄，那么最好的结果就是让他马上选择退休。难缠的老师在工作时的态度给人的感觉是，似乎他们早就退休了，只是没有告诉别人而已。

玛夫·利伟是水牛城比尔橄榄球队的前教练，他在退休前经常被问及什么时候会淡出教练圈。有一天他给出了以下答复："那些总是在谈论自己将要退休的人实际上已经退休了。"我在《周五聚焦》中曾引用了这句话，因为当时在我们学校就有这样一位老师，他总是把将要退休作为一种借口来用。当他不想做那些需要付出额外工作量的任务时，他总是会说："我无所谓了，到时候我都已经退休了。"然而，当他得知未来五年之后会发生某件事，而他又想避免这件事情的发生时，他又会说："这样做肯定不行，我原来就这样做过，结果行不通的。"在我把玛夫·利伟的那句话引用在《周五聚焦》之后，他再也没有公开谈论自己将要退休的事情了，我的做法貌似非常奏效。

我在一个学校担任校长时，学校有一位非常难相处的图书管理员，她的名字叫德温夫人。她的图书管理学逻辑是：不要碰我的书本，这样它们就能整洁如初。但这样会使图书馆的资源得不到充分利用。我知道，她在图书馆已经工作了很多年了，完全达到了退休的法定年龄。此时，她的丈夫已经退休了。此外，如果她选择在退休年龄就退休的话，该学区会提供一个一年期的退休奖，而她是完全符合条件的。我非常确定，当年将是她退休期到来前的最后一年。

　　对于此事，我没有选择听之任之，而是决定先了解她对于退休的真实意愿。如果我直接询问她的话，我又担心她知道我想要她退休，而她生性是一个倔犟的人，若是她知道我想要她早日退休的话，她肯定会选择跟我对着干。因此，我首先找到了一个我的得意员工，让他打听德温夫人是否愿意选择退休以拿到那笔退休奖。这位员工说，他自己非常希望德温夫人能马上退休，但是必须问问她本人之后才能确定。当天晚些时候，这位员工告诉了我不想听到的消息，德温夫人并不打算此时退休。当天是星期二，而申请退休奖的截止日期是星期五。时间非常紧迫。此时，我坚持了自己在对待难缠的老师时的一贯做法，那就是像对待一名负责任的员工那样对待他们。据此，我实施了以下计划。

　　星期三那天，我假装闲庭信步地来到图书馆，然后跟德温夫人聊起天来。我对她进行了高度的赞扬，夸她管理的图书馆是多么的整洁。她自豪地对我谈起了她的管理规则和程序，这样的管理方法自然能够维持图书馆的整洁，但同时也使得学生被拒之门外。我接着对她说，我在思考如何在下一年里使图书馆的优秀资源得到更好地运用，我的方案是每月选择一个主题作为图书馆本月的宣传重点，要求德温夫人每月设计好主题通过图书馆的多媒体室进行告知，并设计好内容来宣传这个主题，这样的做法肯定会大受学生欢迎。而且，德温夫人可以围绕这个主题每月写一份新闻通讯，在通讯中她还可以将图书馆的新资料介绍给全体学生和教职工。我同时提到，为了彰显德温夫人此举的重要意义，我将在每月一次的教职工大会中抽出十分钟，设立"图书管理员答疑时间"，专门用于她展示图书馆、宣传新资料、阐释每月的主题。由于我们的谈话是在图书馆的多媒体室进行，因此当场提到运用多媒体室进行宣传非常地适合。

显然，我知道德温夫人并不想让很多人进到图书馆来运用图书馆的资源，我也知道她并不希望自己在每月的教职工大会上就推介图书馆的新资料进行专门的答疑，她的性格是既不喜欢跟人接触，也不喜欢承受更大的工作量。结果，第二天德温夫人就向我提交了辞职申请，这一天正好是截止日期前的最后一天。

我先前提到了，要像对待一名负责任的员工那样对待德温夫人。我们可以想象，一个负责任的图书管理员会非常喜欢我的建议，每月制定一个宣传主题，并针对该主题撰写新闻通讯。而且，如果能够在每月一次的全体教工会议上用十分钟的时间展示图书馆的新资料和新进展，对于一个图书管理员来说是多么荣幸的事情，若是一个优秀的图书管理员，我说十分钟，她肯定会要求十五分钟。像对待一名负责任的员工那样对待问题员工，这样的方式使得一方面我能够顺畅地与问题老师进行沟通，另一方面能刺激她把握住退休的机会，自愿地选择退休。

也许某些人会认为，将难缠老师的不恰当行为的影响范围缩减到最小是一个正确的方法。也就是说，通过让他们教比较小的班级或者使他们承受比较小的工作量来把他们的影响降至最低。虽然这主意看起来不错，尽量减少难缠的老师对学生的影响是对的，但是我仍然建议不要使用这种方法。原因很简单，如果难缠的老师感觉自己的工作很轻松的话，他是绝对不会选择退休的，将难缠的老师肩上的担子减轻的做法只会使他们继续工作的动机增强。正确的做法是，如果一个难缠的老师到了退休的法定年龄，校长就应该给他更大的工作负担，以使他自愿地选择退休，工作很简单的话，他们始终都不会选择离校。

让其选择退休，是一个使难缠的老师离开学校的好方法。作为校长，我们的职责是采取适当的措施，保证当难缠的老师达到退休年龄时他们会自愿选择退休。如果一个难缠的老师离法定退休年龄还有两年，而且我们确定他绝对不会在这之前退休的话，那我们就应把我们的时间和精力花在别的事情上，例如，我们应制定策略，以保证他们不会选择再在学校待上三年。

让难缠的老师转校

我本身并不喜欢把应归属于自己的责任转嫁给别人，也不希望接受别的学校转来的难缠的老师。然而，有时候遇到难缠的老师时，转校确实是一个行之有效的方法。如果一个难缠的老师在一个学校感觉太舒心，感觉没有什么力量会扳倒他，那么转校可能会使事情获得转机。对于别的老师来说，他们也想改变难缠的老师行为，但他们并不希望与一个老同事正面对抗，因此问题往往很难解决，这种情况下，如果让难缠的老师转走，那么其他老师都会受益。

当然，将难缠的老师从一个学校转到另一个学校，对后者的学生、老师和校长来说都是不公平的。我们不能因为一个校长擅长于处理难缠的老师就把所有别人不能处理的难缠的老师都交给他去处理，就好比我们不能把所有淘气的学生都交给我们最好的老师去处理一样，这样是不公平的。认识到这一点很重要，有助于我们保持整个地区教学秩序的稳定。然而，有时候采取将难缠的老师转到其他学校的做法却是非常有助于解决问题的。我们可以想象，如果把一个难缠的老师从他熟悉的环境中转走，然后把他放到一个新的环境中，这样他的内心会感觉非常别扭。而且，这样的做法会使得他们在新的环境中犹如一张白纸，之前的所有问题别人都不知道，如果他们想转变的话是很有利的。在最坏的情况下，如果一个难缠的老师在原来的学校里正在经历被解雇的程序，此时把他转走的话，他可能会因为逃过一劫而吸取教训，从而在新的学校里好好表现。

必须要说明的一点是，虽然在有些情况下把难缠的老师转走是一个行之有效的方法，但校长在选择这种方案的时候必须是已经尝试了其他方法，而且事实证明其他方法都不能奏效的情况下，毕竟这种方法对接收难缠老师的学校很不公平。

终止相关项目

尽管之前你可能从来没考虑过这一点，但是终止相关项目的做法有时候真可以帮你把一位非常难缠的老师从学校清除掉。要知道，有时候放弃是为了更好地得到。假如你的学校里有一位非常难缠的老师，他拉拢家长，但是行为方面不能为人师表，或者学校里有这样的老师具有一定的风险性，对学校来说是个污点，有害无益，这种情况下你可以考虑用停止其职责来解决问题。在采用这种方法时，一定要注意哪位老师是你希望清除掉的，因为有些学区有规定，如果终止一个项目会危害到老教师的利益，那么项目中最年轻的老师就应被转到其他学校。

如果用其他的方式可以达到目的，使难缠的老师改变其不恰当行为，那么此时你就应该好好权衡一下利弊，以决定是否采用终止项目的做法。另外，你还需要考虑，如果一个项目终止了，在未来让其他人员重新进行该项目的可能性有多大。

第 20 章

解雇老师

DISMISSAL

由于解雇一位老师往往需要花费大量的时间，因此这种做法只有在迫不得已时才能使用。有的校长觉得解雇一位具有终身任教资格的老师几乎是不可能的，有的校长在解雇老师时偏爱更加直接的方式，但无论怎样，我们在考虑是否解雇一位老师时的底限是不能允许问题老师继续对学生的利益造成损害。

针对试用老师：不再续约

首先，我们要区分解雇一位具有终身任教资格的老师和解雇一位处于试用期的老师之间的区别：前者往往费时费力，后者往往在感情上具有障碍但在程序上相对简便。如果其他老师喜欢试用期的老师的话，就更会依依不舍了。假如当初是校长出于对付终身任教老师的考虑而雇用了在试用期的老师，那么要解雇时感情的不舍会更深一层。

虽然在情感上我们不愿意解雇我们当初亲自招聘的试用老师，但是，我们必须知道，一个老师在试用期不合格的话，若是我们选择续约，让他成为终身老师，这样做的机会成本是非常大的，这种机会成本的体现即是我们错过了招进一位优秀老师的机会。一位明星老师在学校的带头作用是很明显的，而平庸之辈给学校带来的则是负面冲击，不负责任的老师给学生带来的是持续性的利益损害。

经过理性判断决定不给试用老师续约的做法对学校而言看似是一种巨大的情感创伤，但仅仅在短时间内是这样，随着时间的流逝，这样的挫伤感会很快消失。如果离开学校的是一位不负责任的试用老师，那么他给学校将不会留下任何有价值的东西，因此不与其续约当时我们会感觉不适，但当下一学年优秀的老师被招进来的时候我们就可以释然了。如果你现在不做出不续约的决定，未来的麻烦将大得多，毕竟一位问题员工基本不可能会选择自动离开，因为他没有其他的职业可供选择。

针对终身老师：选择解雇

一位终身老师被解雇主要有三种情形：一是能力不足，二是不遵守学校制度，三是存在道德问题。在美国，不同的州规定了不同的解雇终身老师的情形，但主流的规则是在以上三种情况下才能将终身老师解雇。

尽管一位难缠的老师往往会让我们联想到他能力不足，但以能力不足作为解雇他的做法只应是在其他两种选择都不能奏效时适用。不可否认，终身老师可以因为能力不足而被解雇，我并不劝阻校长在适当的时候采取这种方法，但是我们在决定是否以能力不足解聘问题老师时需要考虑很多因素。一个很重要的因素是我们将耗费的时间和精力，包括论证、补救以及正式的解雇程序，通常来说，证明一位老师不服从学校制度或存在道德问题都比证明他能力不足容易得多。一旦我们决定解雇一位老师时，其他的选择就不复存在，我们的焦点就应放到怎样才能使解雇不那么费时费力。在解雇的过程中，问题老师和校长之间的关系会异常紧张，学校其他的老师也会受到影响。诚然，不管以什么理由解雇老师都会引起紧张的对峙，但是由于证明问题老师能力不足耗费的时间最长，因此整个学校受到的负面影响也将最大。

如果你能证明难缠的老师不服从学校规章制度的话，将比证明他能力不足好得多，因为不服从学校制度是一个可以量化的东西。在考虑采取哪种方案时，一定要牢记最终目标——不要让难缠的老师继续留在学校损害学生的利益。在这种目标下，即使难缠的老师能力不足，只要你能以不服从学校制度为由更快地将其开除，那又何乐而不为呢？

我曾经遇到过一位老师，他的能力确实存在问题，但在前任校长手里他却有过很多年的荣誉纪录。这种情况下，以能力不足将其开除并不是一件简单的事情，相反会耗费很多的时间和精力。当时存在的一个情况是，这位老师经常会让班上学生处于无监管的状态，他习惯了在课间打电话，在上班时间离开学校，或者在午饭的时候处理私人事情，这些做法使得他经常在上课时迟到，学生乱成一团。

虽然我曾找这位老师谈过这个问题，也已就这个问题记录在案，但最终采取措施时我并不是以能力不足为名。为了不让这位老师产生警觉，从而在一段时间里选择表现良好，我没有直接跟他谈他的能力问题，而是客观地记录了他的每一次迟到和学生不被监管的情形。我的记录是：布朗先生上午十点十四分到达学校，而上课铃声敲响的时间是十点零九，在这段时间里学生都处于无监管状态。

然后，我要布朗先生在记录上签字，但并没有以威胁的口吻跟他说话，毕竟他是一个成年人，我没必要指着他的鼻子警告他最好不要再迟到。有趣的是，我很少亲自到课堂上去看他是否迟到了，但实际上他都确实迟到了，因为他多年拖沓的做法已经使他形成了迟到的习惯。

一学期下来，我已经记录了二十多次布朗先生不服从学校规定的情形，据此，我成功地将他解雇了。如果当初我选择证明他能力不足的话，这个过程将会变得非常漫长，而且需要花费很多的精力，虽然事实上他确实能力有问题。与证明布朗先生不服从学校规定相比，证明其能力不足会让学生在更长的时间里受到他的负面影响。

同样，在解雇老师时以道德问题为理由与证明其不服从校规类似，都比较容易界定。以道德问题解雇一位老师的难度在于，道德问题往往是在瞬间暴露，留给校长的决策时间很短。经常出现的情况是，一位老师出现了道德问题，但校长并没有这么快决定是否将其解雇，同情心此时可能占据上风，因此解雇并没有发生。对于校长而言，正确的做法是始终将学生的利益牢记在心，这样的话不论在何种情况下都能做出最好的决定。

案卷记录：关键阶段

在解雇难缠的老师的过程中，恰当地对问题进行记录具有决定性的意义。虽然大多数校长都经历过专门的职业培训，但在如何为解雇做好记录这一点上却很少有校长得到过指导。不要急着向难缠的老师表明你将要解雇他，他越晚知道你的意图，你对他不恰当行为的记录就会越简单。当然，你的每一份记录都必须让难缠的老师知道，只是，在初期的证据采集阶段你不能对其就解雇进行言语威胁。

记录时最好的做法是以事实为基础，保持客观。如果你这样做的话，就会免去很多不必要的争论和权力斗争。比如，当记录教室里的状况时，要明明白白地写下教室里发生了什么，而不要带上主观偏见。如果一个老师对课堂监管不力，那么你就记录下学生在课堂上做了什么具体的事情，这样比笼统地写学生"乱成一锅粥"好多了。怎样记录学生所做的具体事情呢？比如说：上午九点零五分，有三个学生上课时离开了座位，互相争抢一个卷笔刀；九点十一分，两个学生低着头，看似在睡觉，一个学生在扯另外一个学生的头发；九点十七分，老师坐在讲桌前，但有五个学生却在……面对这些事实，难缠的老师是很难反驳的，因此你应该记录下这些教室里缺乏监管时发生的具体的事情。之后，你在与老师谈论课堂上的问题时，就能更有针对性，对具体问题有更多详细的阐释。

如果难缠的老师对学生的行为进行解释、编造了某些借口的话，那么你就在记录上写下：在会谈中，该老师说这天发生的情况对他来说很不正常，通常来说教室里的表现是……这样做既可以保证老师在程序上知晓该记录，又不会减损该记录在解雇程序中的作用。

对于老师不恰当的行为也应予以记录。比如说，一个家长打电话过来，说难缠的老师把他孩子的试卷当着全班同学的面撕得粉碎，并且口中充满了污言秽语，不管这样的行为是否真实发生了，你都应该记录：三月六号下午两点二十五分，一个家长打电话说詹姆斯先生……此时，你也应把记录拿给难缠的老师看，并让他签字，以示他看过这份记录。如果他拒绝签字的话，那么你就在记录中写下：这份记录拿给詹姆斯先生看了，他拒绝在上面签字。

要记住的是，以上我谈论的都是如何处理难缠的老师的不恰当行为。也就是说，对于大多数老师来说，你并不需要把发生在课堂上的事情予以记录，并找他约谈。一旦你把发生的事情付诸纸面时，你就会失去当事老师的信任，并使你们之间的关系恶化。因此，你必须要首先做出理性的思考，在正确的时机找正确的老师谈话。

我的管理哲学始终是：多表扬老师，少批评老师。然而，当你对一名可能被解雇的老师运用书面表扬的时候却要慎重。因为书面表扬是对老师的肯定，这可能在之后的解雇程序中成为对你不利的因素。如果你觉得确实有必要对其表扬以起到激励作用的话，不妨进行口头的赞许，这样就不会在以后的解雇程序中成为障碍了。

要记住，无论是不与试用老师续约，还是对终身老师解雇，整个学校的老师都会感觉不大舒服。我曾经在解雇学校一位最不受欢迎的老师时，遇到过两难的情况。这位老师的"同党"们给他送来了鲜花，而且有的老师对这位难缠的老师说要他坚持下去。这种情况下，你心中一定要谨记学生的利益，这样能促使你做应该做的决定。在做出一个困难的决定时，一定会经历艰难的过程，但这个艰难的过程不应阻止你做出正确的事。

如果你做出了有效的记录，而且以专业的方式与难缠的老师进行了约谈，那么你基本上无需再做出不与试用老师续约或者开除终身老师的决定。当难缠的老师和其支持者知道你的证据无懈可击时，难缠的老师就会自动选择离开。始终牢记你的目标：让学校成为一个对学生来说更好的地方。

第八部分

常用的原则和技巧

GENERAL TIPS AND GUIDELINES

第 21 章

如何阻止老师把学生送至校长办公室

HOW CAN I STOP THEM FROM SENDING SO MANY
STUDENTS TO THE OFFICE

　　很多学校都有一两个这样的老师，在所有因纪律问题被送到办公室的学生中，他们班的学生占到 25% 至 50%。大多数情况下，这些学生只是犯了违背规则的小错误。支持这些老师的行为尤其危险，因为他们像学生一样，自己也经常做出不恰当的行为。如果你只是教导学生遵守纪律，与老师不做深入的交流，就等于告诉老师，允许他们把犯了小错误的学生送到办公室。你的纵容甚至还传达了这样的信息，即老师应该把犯小错误的学生送往办公室。

　　处理被送到办公室的学生要耗费大量的时间，这对校长来说，损失太大、代价太高。校长花在处理学生问题上的时间和精力越多，他们发挥领导力、实施重要的积极指导的机会就越少。如果校长能阻止老师不合理地送学生到办公室的行为，就能把精力集中在有效地领导学校上面。

　　如果老师经常因为学生犯小错误就送他们到办公室，而且事先并不和学生家长联系,那校长要协助这些老师的工作将会非常困难。
要记住,大多数和学生斤斤计较的老师与学生家长的关系都非常差,
因为他们在自己的教学生涯中已经惹怒了众多家长。他们已经收到
过家长无数的恼火留言,接到过无数的愤怒电话。他们的校长已经
在很多场合下与他们谈论过关于不满意的家长的问题,这些老师通
常很害怕和学生家长联系。如果老师不与家长进行积极性沟通,他
们与家长的多数交往必然是消极性的。校长应该要求难缠的老师在
把学生送到办公室之前先与学生家长联系,告诉那些因为学生犯小
错误就送去办公室的老师,他们必须先和家长沟通,再把学生送到
办公室。

如果一位老师把学生送到办公室,学生拿给校长的纸条上写着
"这是两周内吉米第五次上课不带铅笔了"。你一开始就支持老师,
决定惩罚学生,打电话给家长,告知家长学生会得到什么后果。你
拨通学生妈妈的电话,跟她说她儿子要受到放学后留校的处罚,原
因是他已经五次上学不带铅笔了。你很可能从学生妈妈那里得到这
样的反馈:"为什么我不知道这件事呢?"

你或许想为自己辩护,因为你意识到学生妈妈说的是正确的。
我给教育领导者的一条经验法则是,永远不要为自己辩护。如果你
想辩护,可能是因为自己或者老师们做错了。在本例当中,老师的
行为不恰当,使得你企图帮助他的时候想为自己辩护。

你有必要在应对难缠的老师时为他们设定期望值。在学生被送
去办公室之前,要求老师先与家长联系是一条合理的规则。既然有
些老师不经常和家长联系,给他们提供一些范例可能会对他们有所

启迪。向老师解释清楚，老师给家长打电话相当管用，因为老师是在向家长寻求帮助，而不是因为要惩罚学生一开始就和家长建立消极性的联系。给老师提供一个可操作的"范本"，如："约翰逊太太，不知您能不能帮我个忙。上周吉米有三次都忘了带铅笔，不知道您是否了解此事。为了不让他的成绩在班里落后他人或者让校长介入此事，我想先请您帮忙。您能不能和儿子聊聊这件事，确保他离开家时做好上学前的准备？我将对您的帮助感激不尽。"

很少会有家长不同意帮老师的忙。如果第一次交往是通过请求帮助的方式，老师就与家长建立了积极性的沟通。个别家长不配合完成工作，校长或许会在某个阶段介入进来。不过不同的是，校长不会因为家长"不知情"而为自己辩护，现场感到不舒服的就是家长了，因为她没有实现自己的诺言。当然，这样做的目的不是让家长为自己辩白，而是保证教育工作者不会自己食言。一旦对老师的期望建立起来，老师与家长建立初步的沟通，就能避免很多学生被送到办公室的现象发生。

也不妨可以这么认为，仅仅要求、期望老师与家长联系，做出预防措施，依然不能阻止他们把学生成群结队送到办公室。你可以利用老师拒绝和家长联系的心理，将此特点为自己所用。如果老师继续因为学生犯小错误把他们送到办公室，你作为校长就要介入此事了。最初对待他们，要默认他们在做正确的事情。问问难缠的老师给家长打电话得到什么反馈，再强调一遍，要期望难缠的老师始终想做正确的事情。难缠的老师可能会编个理由说没有时间打电话，重复听到不给家长打电话的理由后，试试下面的方法吧。

下一次，老师又把一名学生送到了办公室。他本应先与学生家长沟通，再把学生送到办公室，但他却没有这么做。你往老师的邮箱里放个便签，告诉他在开会时间到你办公室来一趟。你则事先把学生家长的电话号码放在手边，老师到了办公室，给他把椅子坐下。

接着，还是希望老师做正确的事情，问老师给家长打电话说明学生情况后家长有何说法。假设难缠的老师会编造一个没打电话的借口，你可以平静地说："哦，是吗，我这里正好有家长的电话号码。"拨通电话，把听筒递给老师。对待老师，要默认其希望做正确的事情。

如果老师对联系家长持高度重视的态度，就会收敛把犯小错误的学生送往办公室的行为。虽然此类问题从来与称职老师无关，难缠的老师会走出办公室告诉其他老师所发生的一切，依然能起到杀一儆百的震慑作用。事实上，如果这位老师告诉了足够多的人，其他难缠的老师仅仅处于对家长的畏惧，或许就会决定减少送往办公室的学生人数呢。

第 **22** 章

常用的技巧、规则和警句

IF ALL ELSE FAILS-GENERAL TIPS, GUIDELINES,
AND REMINDERS

　　判断何时与难缠的老师进行第一次接触以处理他的不恰当行为是一项挑战。为了让难缠的老师有所进步，你们之间的第一次交流和为此所做的努力对于今后两者之间关系的发展非常重要。你要记住一条原则："如果难缠的老师意识到你已对他的不恰当行为有所觉察，你必须就此行为和难缠的老师进行沟通。"

既已知情，便是默许

　　如果你了解到某位老师使用的教学方法是你所不能接受的，你就要考虑何时、以何种方式来改变这位老师的行为，然而要做出这样的决定是一件非常困难的事。花些时间选择一个好的策略，你才能以专业的方式接近老师，并且成功地处理问题。你或许想等到此类行为再次发生时再做处理，把这个问题无限期地拖下去，或者，你自行决定讨论此事。然而，一旦老师知道你对他的行为有所觉察，处理问题的灵活性就全部消失殆尽了。

如果你新到一所学校担任校长，你对老师设定下期望值，成年人不许对学生"大吼大叫"。可能开学的第二周，你就在走廊里看到一位老师，他控制不住自己的情绪，在课堂上大声吼叫起来。如果没有人知道你听到了这位老师大声吼叫，你有很多理由不找这位老师讨论此事。原因之一，可能是你不希望自己与老师的第一次交往被看作是消极性的。另一个原因是，你希望这是这位老师一年中仅有的一次情绪失控，你不需要就此小题大做。还可能因为你太忙了，觉得这不是你首要处理的事情，就这样算了吧，你的每一个理由都可能很恰当、很合理。

然而如果老师了解到，你听到了他的吼叫，整件事情的情形就不一样了。我的看法是，一旦老师意识到你知道了他的不恰当教学方式，就很有必要和老师沟通此事。你可以轻声细语地问老师是否一切都好，因为你听到他大声吼叫。我深信，以随意的方式解决问题效果最佳。

如果对此事采取听之任之的态度，老师的行为就得到了认可，记住千万不要这样做。某些形式的认可其重要性就在于，一旦你接受某件事情，它即成为标准。

一种行为发生数月后，无论从困难程度上还是从感情上，都很难再进行处理，它对老师和校长双方所引起的尴尬和感情障碍会增加你处理问题过程中潜在的不稳定性。认可不恰当行为会引起很多麻烦，尤其当不恰当行为会引发很多因纪律问题遣送学生至办公室的情况时更为如此。

千万别跟难缠的老师争吵或者提高嗓门说话

校长应该避免和任何老师发生争吵，尤其要避免和难缠的老师发生争吵。这并不意味着校长要避免和人发生意见分歧，我这里指的是避免争吵或者大声争论。气势汹汹地和人争吵既缺乏专业精神又有失为人师表的尊严，这条标准也同样适用于校长和学生之间的交往。你应该从不和学生争辩，或者对学生大吼大叫。记住，难缠的老师在争吵方面或许比你更擅长。他们有争吵的实战经验，在这种交往方式下会感到如鱼得水。不要跳到难缠的老师为你画好的圈子里，站在圈子外边，让他们感到不舒服。

希望他们冲出去四处传播消息

如果你始终坚持以专业的态度对待难缠的老师，你就完全不必担心这些老师会跟同伴怎么讲。在第二十一章，我和大家分享了一个方法，如何帮助最不称职的老师减少违反纪律的学生被送到办公室的数量。我们由此得出这样的结论：如果你能有效地应对一位难缠的老师，并且让其他不称职老师了解你们之间发生的事情，那么你就没有必要再去应对其他老师了。事实上，如果一位难缠的老师把事情告诉了其他难缠的老师，你通过实践一次这种方法，就能成功地改变两个或者三个老师不断地送学生到办公室的行为。

难缠的老师口口相传的信息，或许足以让消极同伴们感到惶恐不安，改变自己的行为了。

我们学校曾经有一位难缠的老师，执教将近三十年的时候递交了辞职书。这位老师辞职的原因是他被要求必须观摩另外三位老师授课，通过学习提高自己的教学能力。他要观摩的三位老师之一是邻校的一位老师，他们已是多年的朋友，但与他不同的是，那位老师非常优秀。这位难缠的老师要观摩的另一位老师已经有五年教龄，但是教学经验相当匮乏。要被观摩的难缠的老师羞愧难当，第二天便辞职了。这位老师辞职的时候，把带有我给他规定的各种要求的资料带到学校，大量复制后在老师休息室四处发放。有人将这件事报告给我，但是我的表现让难缠的老师大为惊讶，因为我根本没有为此感到生气，我很高兴他和其他正在损害学生利益的老师分享了我对他们的要求。老师们应该会从中深有体会，拒绝付出努力改善自己的教学表现，后果可想而知。我就像全体老师在场一样对待了这位难缠的老师，因此，即使他把此事告诉其他人也不会产生任何消极影响，甚至可能会让我的工作变轻松。许多积极老师认为我对难缠的老师提出的要求合情合理，其余几位难缠的老师也因此变得大为谨慎。

如果你以专业的态度处理事情，就不太可能得到坏的结果，实际上，还能对其他难缠的老师产生深远、积极的影响。

混合法

应对难缠的老师时要记住，老师们各有特色。本章虽然给大家提了一些建议做法，但绝不是普遍适用的灵丹妙药。对待难缠的老师要用混合的方法，自行结合不同方法使用。让难缠的老师感到不舒服，降低他们对其他老师的影响，不断让他们受到鼓舞，始终对消除难缠的老师的机会保持警觉，等等。任何杂糅各种规则的混合法都可以在消极难缠的老师们身上加以实践，因为你永远也不知道究竟哪种方法管用，或者何时奏效。

千万不要命令难缠的老师做事情。如果说命令别人做事从不奏效太绝对，那至少可以说这种方法很少奏效。一定要谨慎使用命令的方式，爱争吵的人对任何命令都有抵触心理，虽然他们不一定总是表现出来。命令他们做事情还会成为他们进行反抗的理由和突破口，结合使用不同的方法能够防止他们组织有效的反抗。

第 **23** 章

缓解你的内疚感

EASING THE GUILT

长时间以来，你学校里的难缠老师都是积极老师们的眼中钉。学校里积极、有为的老师已经厌倦了消极老师的影响力，厌倦了老师休息室里总有几个老师的身影以及因他们而产生的不和谐氛围，只好避休息室而不过。具有创新精神的积极老师也对这几个老师心生反感，因为他们对所有的积极项目持反对意见。更重要的是，每当富有爱心的优秀老师走进不称职老师的教室，看到本应受器重的孩子每天受到老师如此这般待遇，就心生寒意，他们不希望学校里任何一个学生受到羞辱或者歧视。

在难缠的老师不尽如人意的教学表现被登记入档，难缠的老师接受再培训然后被解雇的过程中，老师们或许会对不太称职的同行说几句温暖的话，告诉他们不要气馁，或者说真的很想念他们，甚至组成一个团体，集体为他送上一束鲜花。但是相信我，一旦难缠的老师真正离开学校，其他老师再也不会送花给他了，学校唯一——

个比优秀老师更希望孩子们受到公平待遇的人是校长本人。

你应该感到内疚吗

本书中解决的问题没有哪个是容易的，给校长的建议也没有一个有乐趣可言。应对难缠的老师绝不是令人愉悦的工作，甚至是校长所有工作中最令人不愉快的。我们都是充满爱心的人，对他人满怀同情，这或许是我们选择教育行业的原因之一。毫无疑问，我们对别人的高度关心正是我们选择献身教育事业的原因之一。因此，任何一个兢兢业业把工作做好，并且成功地应对难缠老师的校长都被一个问题所困扰："这究竟是不是我应该做的？"一种内疚感浸入了你的心灵和良知。我曾经被这种内疚感深深困扰。我明白教育是世界上最重要的职业，我尊敬教育工作者胜过尊敬其他任何从业人员。有些难缠的老师已经执教很多年，他们当中很多人背后有一个家庭靠他们养活。

所以，有很多次，我痛苦地思索这个问题，"我应该感到内疚吗？"

最终，我醒悟过来，作为一名校长，你的目标是要为学生的最高利益着想。我明白了，为了学校年轻一代的最高利益而奋斗，你从来不应该为此感到内疚；相反，如果你做不到为学生的最高利益着想，你才真应该感到内疚。

"常青藤"书系—中青文教师用书总目录

书名	书号	定价
"走遍世界看教育"系列		
芬兰教育给教师和父母的45堂必修课（《芬兰教育全球第一的秘密》2）	9787500692423	29.00
芬兰教育全球第一的秘密（珍藏版）（《中国教育报》等主流媒体专题推荐，台湾教育类畅销书榜第一名）	9787500687436	24.00
7个习惯教出优秀学生	9787500687948	29.00
美国最好的中学是怎样的——让孩子成为学习高手的乐园（白金版）	9787500685838	28.00
"世界名师新经典"系列		
优秀教师一定要读的60个教育故事	9787500696285	25.00
高中课堂管理–行为管理的9项策略（第二版）（被誉为美国"课堂管理圣经"）	9787500695714	29.00
快乐山巅：从亿万富翁到优秀教师	9787500695189	20.00
来自美国最优秀教师的建议（入选《中国教育报》"2010年影响教师的100本书"）	9787500694427	25.00
美国最优秀教师的自白（进入地方学校、教育机构教育用书征订目录）	9787500683001	23.00
优秀教师的课堂艺术（白金版）	9787500654001	26.00
怎么做孩子会爱上学习（入选"21世纪中国教师必读的百种好书"，《中国教育报》"2010年影响教师的100本书"）	9787500685968	22.00
"好老师教学策略"系列		
好老师应对课堂挑战的25个方法（《给教师的101条建议》作者新书）	9787500699378	16.80
好老师因材施教的12个方法（美国著名教师伊莉莎白"好老师"三部曲）	9787500694847	22.00
好老师征服后进生的14堂课（美国著名教师伊莉莎白"好老师"三部曲）	9787500693819	22.00
好老师可以避免的20个课堂错误（白金版）（入选《中国教育报》"2010年影响教师的100本书"）	9787500688785	21.50
改善学生课堂表现的50个方法（入选《中国教育报》2010年和2011年"影响教师的100本书"）	9787500693536	23.80
给教师的101条建议（白金版）（《中国教育报》"2009年最佳图书"奖）	9787500673842	21.00
万人迷老师养成宝典（珍藏版）（入选《中国教育报》"2010年影响教师的100本书"）	9787500689300	23.00
如何应对难缠的家长（入选《中国教育报》"2010年影响教师的100本书"）	9787500688778	20.00

书名	书号	定价
优秀教师一定要知道的14件事（白金版）（美国教育界当前最有影响的畅销书作者威特克尔最畅销作品）	9787500671961	19.00
为孩子更强大而教书（世界名师梅耶尔"教学三部曲"）	9787500685234	18.00
如何在考试时代提升教育本质（世界名师梅耶尔"教学三部曲"）	9787500685227	19.00
我是这样和家长沟通的：美国当代名师写给家长的信（入选《中国教育报》"2010年影响教师的100本书"）	9787500684572	20.00
"先锋教育"系列		
如何成为高效能老师（美国最畅销教师用书，销量超过350万册，最专业、最权威、最系统的教师培训第一书）	9787515301747	68.00
如何打造高效能课堂	9787500680666	29.00
杰出青少年的14堂人生哲学课	9787500696742	25.00
优秀班主任的50条建议	9787515305752	23.00
快乐教学：如何让学生积极与你互动（入选《中国教育报》2010年和2011年"影响教师的100本书"）	9787500696087	22.00
爱·上课（李希贵、窦桂梅推荐，教育界真实版《麦田里的守望者》）	9787500693383	23.00
爱·读书（李希贵、窦桂梅推荐，中国版《窗边的小豆豆》，诠释中国教师《爱的教育》）	9787500693918	25.00
凭什么让学生服你（升级版）	9787500675204	19.80
别和青春期的孩子较劲（新版）（入选《中国教育报》"2009年影响教师的100本书"）	9787500676232	22.80
中学课堂管理的7个要点	9787500675723	19.00
教师、学生和家长焦点难题解决方案（升级版）（入选《中国教育报》"2011年影响教师的100本书"）	9787500672906	35.60
培养高情智学生的7堂课	9787500686088	18.00
那些让孩子感到幸福的事儿——给父母和老师的建议书（《中国教育报》"2010年特别推荐奖"，新闻出版总署"2010年大众最喜爱的50种图书"）	9787500692072	25.00
"新教育实验基地"系列		
老师没讲的24件事（引爆千万人感动、教育界深思的励志佳作）	9787500698418	19.00
每天10分钟，发现孩子的6项潜能	9787500679905	24.80
跳出教育的盒子	9787500689508	29.00

书名	书号	定价
杰出青少年的7个习惯（精英版）（中小学图书馆推荐书目、中国青少年必读书目）	9787500649083	28.00
杰出青少年的6个决定（领袖版）（中小学图书馆推荐书目、中国青少年必读书目、全国优秀出版物奖）	9787500672241	28.00
如何成为尖子生（新版）	9787500668596	23.00
躺着，也能学好数学	9787500688556	27.00
多少只袜子是一双	9787500688884	20.00
小偷也要懂牛顿	9787500688020	20.00
"教师专业成长"系列		
高效能教师的9个习惯（教师职业成长"圣经"）	9787500699316	23.00
教师职业的9个角色（白金版）	9787500681014	23.80
教师健康的38个细节	9787500673033	22.00
给年轻老师的信（真希望我年轻时就懂的道理）	9787500696834	23.00
年轻教师的五项修炼	9787500694304	23.00
给新教师的忠告	9787500671954	17.80
师范学院学不到的	9787500679455	17.80
是什么让教师不断进步（升级版）（入选《中国教育报》"2011年影响教师的100本书"）	9787500672401	23.80
班主任一定要面对的9个问题（新版）	9787500672937	22.00
教师应该做到的和能够做到的	9787500669401	28.00
教师一定要思考的四个问题	9787500668565	18.00
教师压力管理的10堂课（第一本全面关注教师工作和生活压力的书）	9787500686569	20.00
如何成为优秀教师	9787500672920	26.00
优秀教师是这样炼成的	9787500672555	17.80
"一本书读懂世界教育家"系列		
和优秀教师一起读卢梭	9787500698326	23.00
和优秀教师一起读福禄培尔	9787500698807	23.00

书名	书号	定价
和优秀教师一起读蒙台梭利	9787500698333	23.00
和优秀教师一起读杜威	9787500699071	27.00
和优秀教师一起读马卡连柯	9787500698609	27.00
和优秀教师一起读苏霍姆林斯基	9787500698401	27.00
"优秀校长之道"系列		
如何应对难缠的老师	9787515306315	25.00
校长时间管理的9项策略	9787500695851	23.00
20位美国优秀校长如何创建好学校	9787500695707	23.00
创新型学校：给学校管理者的9个策略（入选《中国教育报》2010年和2011年"影响教师的100本书"）	9787500693628	23.00
给校长的127条建议（入选《中国教育报》2010年和2011年"影响教师的100本书"）	9787500694779	23.00
如何调动和激励教师（升级版）（入选《中国教育报》2009年和2011年"影响教师的100本书"）	9787500673828	25.00
优秀校长一定要做的15件事（白金版）（入选《中国教育报》"2009年影响教师的100本书"）	9787500673835	23.80
如何提升学校的内力（升级版）	9787500672159	21.80
美国获奖中小学校长的建议	9787500675211	20.00
校长在塑造学校文化中的角色	9787500672142	17.80
优秀小学校长一定要知道的30件事	9787500674115	19.00
"名师大讲堂"系列		
写给语文老师的书	9787500692966	29.00
王极盛教你做成功的高考复读生	9787500672241	28.00
"中小学教师学科必备"系列		
优秀小学语文教师一定要知道的7件事（窦桂梅畅销作品）	9787500674139	20.00
优秀小学数学教师一定要知道的7件事	9787500675181	19.00
优秀小学班主任一定要知道的8件事	9787500676607	16.00
优秀中学班主任一定要知道的12件事	9787500674108	18.00

书名	书号	定价
优秀初中语文教师一定要知道的11件事	9787500674146	22.00
优秀高中语文教师一定要知道的11件事	9787500675730	28.80
教好高中作文一定要知道的10件事	9787500676591	29.00
优秀高中数学教师一定要知道的10件事	9787500674153	20.00
优秀高三英语教师一定要知道的12件事	9787500675297	23.00
优秀中学政治教师一定要知道的7件事	9787500674122	18.00
优秀中学历史教师一定要知道的10件事	9787500675198	20.00
优秀中学地理教师一定要知道的6件事	9787500680031	18.00
优秀初中物理教师一定要知道的10件事	9787500675716	16.00
优秀中学化学教师一定要知道的7件事	9787500680024	23.00
优秀高中生物教师一定要知道的12件事	9787500675174	18.00
教师延伸悦读		
高效能人士的七个习惯（全球头号畅销书）	9787500649038	29.00
现在，发现你的优势（盖洛普管理经典系列）	9787500648192	38.00
现在，发现你的领导力优势（盖洛普管理经典系列）	9787500687801	26.00
现在，发现你的职业优势（盖洛普管理经典系列）	9787500676638	39.00
首先，打破一切常规（盖洛普管理经典系列）	9787500647508	33.00
犹太人给子女的8种福分	9787500687757	24.00
道德情操论（青少版）	9787500688396	20.00
高中生家长一定要知道的12件事	9787500694762	25.00
好父母养成手册	9787500693925	23.00
好孩子养成手册:如何培养决定孩子一生的10种品格	9787500692973	19.90
毕淑敏心理咨询手记（新版）	9787500682127	25.00

您可以通过如下途径购买：

1. 书　　店: 各地新华书店、教育书店。
2. 网上书店: 当当网（www.dangdang.com）、亚马逊中国网（www.amazon.cn）、
　　　　　　京东网（www.360buy.com）、第一街（www.diyijie.com）。
3. 团　　购: 各地教育部门、学校、教师培训机构、图书馆团购，可享受特别优惠。
　　购书热线: 010-65516873 / 65518035

➡ 任何优秀教师和成功教师，首先必须是一名高效能教师。

低效能学校 + 低效能教师 =（学生成绩）前 50% ↘ 倒数 3%
高效能学校 + 低效能教师 =（学生成绩）前 50% ↘ 倒数 37%
低效能学校 + 高效能教师 =（学生成绩）前 50% ↗ 前 37%
高效能学校 + 高效能教师 =（学生成绩）前 50% ↗ 前 3%

《如何成为高效能教师》

作　者：（美）黄绍裘　黄露丝玛丽
ISBN：9787515301747
开　本：16
页　码：344
定　价：68.00元

你将读到什么

➡ 美国最专业、最权威、最系统的 **教师培训第一书**。看世界上最专业、最高效、最幸福的教师如何打造快乐、善学、高分的好学生。

➡ 全球最畅销的教师用书引进中国。亚马逊网上书店教育类畅销书榜第 1 名。出版 20 年，覆盖 102 个国家，全球销量超过 350 万册。

➡ 首度公开成功教学的最大秘密，汇集全美 **100 名最优教师 30 年成功教学智慧**，建构了一套完整的高效能教师培训系统和教师素质与能力提升解决方案，让**新教师迅速成熟，老教师突破极限**，享受终极职业快乐。

➡ 幼师、中小学教师、教育管理者、师范院校师生、对外汉语教师"**人手一册**"的必备工具书。

➡ **超值赠送** 60 分钟美国最受欢迎的教师网络教学视频，200 页网络版主题教学拓展资源。书中附有大量被实践证明、行之有效的 **教学资源和技术工具**，更为教师的日常教学和管理实践提供丰富的行动指南。